生命に学ぶ建築
動的平衡・相互作用・成長・再生

日本建築学会=編

建築資料研究社

目次

序文　Biofied Architecture：生命に学ぶ建築 ……………………… 5

第1章　動的平衡 …………………………………………… 17

- 01　伊勢神宮 ………………………………………………… 21
- 02　ジェンネ・モスク ……………………………………… 26
- 03　トトラの浮島 …………………………………………… 34
- 04　詩仙堂 …………………………………………………… 38
- 05　ストックホルム市立図書館 …………………………… 43
- 06　中銀カプセルタワービル ……………………………… 47
- 07　プラグイン・シティ …………………………………… 52
- 08　緑の中のスタジオ ……………………………………… 56

第2章　相互作用 …………………………………………… 61

- 01　聴竹居 …………………………………………………… 65
- 02　名護市庁舎 ……………………………………………… 70
- 03　Aware Home …………………………………………… 74
- 04　iLog House ……………………………………………… 78
- 05　構造ヘルスモニタリング ……………………………… 82
- 06　寝室環境システム ……………………………………… 85
- 07　NBF大崎ビル …………………………………………… 88
- 08　Nest ……………………………………………………… 93

Column
生命化建築
空間生命化デザインを支えるシステム ……………………… 99
三田 彰

第3章　成長 ………………………………………………… 101

- 01　サグラダ・ファミリア ………………………………… 105
- 02　羽田空港 ………………………………………………… 110
- 03　九龍城砦 ………………………………………………… 117
- 04　ガラスの家 ……………………………………………… 122
- 05　国際宇宙ステーション ………………………………… 126
- 06　Fab Lab House ………………………………………… 130
- 07　ハイ・ライン …………………………………………… 134

第4章 再生 ……… 139

- 01 ゲル（ユルト、パオ）……… 142
- 02 海の家 ……… 147
- 03 縁日の屋台 ……… 150
- 04 上津屋橋 ……… 154
- 05 キャンプ用テント ……… 159
- 06 バーニング・マン ……… 162
- 07 ノマディック美術館 ……… 166
- 08 Airbnb ……… 170

Column
Biofied Living / Architecture / Community
空間生命化建築の試作 ……… 174

生命に学ぶ建築への視点

機械の思考から生命体へ空間生命化デザインに向けて ……… 178
三宅理一

空間生命化と建築・都市の未来 1 ……… 181
高橋潤二郎

空間生命化と建築・都市の未来 2 ……… 185
菊竹清訓

建築と時間
生命から学ぶ建築のつくり方 ……… 194
伊東豊雄

あとがき ……… 203

本書関係委員
2017年3月　五十音順・敬称略

日本建築学会 情報システム技術委員会

委員長	倉田成人
幹事	猪里孝司　下川雄一　福田知弘　渡辺 俊
委員	（省略）

サスティナブル情報デザイン小委員会

主査	渡邊朗子
幹事	本江正茂
委員	朝山秀一　石川敦雄　掛井秀一　岸本充弘　鯨井康志　清水友理
	菅野文恵　仲 隆介　廣瀬啓一　山本尚明　横山広大
協力委員	児玉哲彦　山崎 薫

序文
Biofied Architecture：
生命に学ぶ建築

なぜいま生命から建築を考えるのか

世界を取り巻く諸問題

　21世紀に入り、私たちの文明はこれまで続けてきたパラダイムの限界に直面している。その要因のひとつが人口増大であり、これに伴い地球規模の諸問題が巻き起こっている。世界の人口は、20世紀の間に16億人から60億人へと増加した。このような人口増加に伴って増加した食糧需要に対し、食糧供給が追いつかず、食糧供給の困難が生じている。

　たとえば、穀物の収穫面積は過去50年間でわずか8%しか伸びておらず、単位面積あたりの収穫量も大きな伸びは起こっていない。さらに、昨今頻繁に起こる気候変動により収穫量への重大な影響が出たり、バイオマス燃料消費の増加による食糧供給の減少が予測されている［★1］。

　食糧と並んで大きな問題になっているのは、エネルギー消費の急増である。1965年に38億toe（原油換算トン）だった一次エネルギーの消費量は、2011年にじつに3倍強の123億toeに達している。一方、一次エネルギーの32%を占める原油についていえば、2011年時点の確認埋蔵量は1兆6千億バレルであり、現在の消費量が維持されるとすると、可採年数は54年となり、21世紀の後半には枯渇する計算となる。

　また、エネルギー消費が多い地域を見ると、2000年代初頭には1位2位をアメリカとEUが占めていたが、2010年代に入ると中国が世界一のエネルギー消費国となり、その消費量は大幅に増加する傾向にある。さらに、インド、アフリカ、中東、ASEAN諸国も、急速な工業化の進展に伴い、エネルギー消費は増大の一途をたどっている［★2］。

　今後、中国やインドといった国々で、さらに工業化が進み、都市型のライフスタイルに移行する人口が増加すると推測される。実際、2008年には、史上初めて世界人口の過半数が都市人口となった［★3］。この都市化に伴い、建設ラッシュが多くの場所で発生している。

　たとえば、中国では2025年までに100もの100万人都市の建設が予定されており、3億5千万人もの都市住民が新たに増加することが予想されている。この増加人口はもともと農村人口であり、3億5千万人の食糧生産者が、10年間で食糧消費者へと転換すること

を意味している。実際、中国では急激に進む建設ラッシュのため、2011年からの3年間で66億tのセメントが消費されている。この数字は、アメリカが20世紀を通じて消費したセメント量（45億／t）よりも多いといわれており、その勢いを物語っている［★4］。

　近代化以降、ほとんど何の疑いもなく続けてきた、あるいは気づいてはいたが変えられてこなかったエネルギー消費や化学物質の排出に、十分なアセスメントの考慮もなく建築・都市をつくり続けてきたツケを払わなければならない時が着々と近づいている。資源の枯渇や環境変化に伴うコストは、これまでの経済社会システムの継続を困難にするところまでに達しているのだ。さらに、地球温暖化による気候変動も私たちの生活にさまざまな影響を及ぼしている。

　先に言及したような地球資源の限界を知れば、持続可能な社会の構築は「待ったなし」の状態であることは理解できるだろう。このような状況下では、有限な資源を有効に活用し、世界を継続させる人工物モデルの構築は最重要課題である。とくに、資源の巨大な消費機構である建築において、その責務は非常に大きい。

　人間のための環境が、今後も長期にわたって快適で秩序ある状態を持続するためには、個々のデザインにおける配慮だけでは不十分であり、デザインのための新たなパラダイムが必要とされているのではないだろうか。

建築デザインの新たなパラダイムを求めて

　これまで私たちが築き上げた文明社会において建築・都市は、人々の快適さの実現と引き換えに、高い環境負荷や大量の資源消費などの負の側面を抱えていた。しかし今後、これまでのような地球環境の持続性を考慮しないライフスタイルが維持できるのか、また、世界人口の多くがそのようなライフスタイルに移行できるのか、大きな疑問が沸いてくる。人間による環境の開発は、その持続可能性に深刻な課題を積み残しているといえるだろう。

　しかし、それは裏を返せば、歴史の中で人間の環境の開発能力が大きく伸張してきたということである。その歴史の流れを捉えることで、現状の課題を打破する新たなパラダイムを導き出すことができるのではないだろうか。

　人類の曙以来、環境の開発能力が人間を他の動物と大きく隔てていることは明らかである。初期の人類は洞窟で穴居生活を送っていたと考えられているが、次第に土や石、動植物を用いて住居や衣服、その他の道具を生産して人工環境を構築していった。初期の人類の文明の発達段階は、石器・青銅器・鉄器などの、道具に用いた素材で区分される。このことは、初期の文明の発達が、物質を加工して道具をつくる能力の発達であったといえる。

　それらの時代の道具は、その硬度や耐久性、加工しやすさについては進歩があったが、

その動力（エネルギー）が人間や動物の筋力、あるいは風力や水力といった自然現象に限られていた。そのために、道具のない時代と比べて生活は大幅に改善したものの、今日我々が享受するような環境の制御に比べると、その利便性は限られていた。その状況が大きく変わったのが、18世紀のワットによる蒸気機関の開発である。蒸気を動力に用いる発想自体は古代アレクサンドリアの時代からあったようであるが、ワットは復水器や正圧の活用、往復運動の回転運動への変換などを行うことで、人間や家畜の筋力を大幅に上回る動力を実現した。蒸気機関は、産業用機械の普及への道を開き、蒸気船や蒸気機関車などの交通手段を実現し、産業革命への道を開いた。蒸気機関の原理は、石炭から石油、原子力エネルギーへ至る人類の壮大なエネルギー開発をもたらし、エネルギー消費の飛躍的な増大を導いた。現代的な状況（工業化社会、利便性追求型の社会、結果としての寿命の伸張と人口の爆発）の背景には、このようなエネルギー生産と消費の増大があったといえる。

20世紀までの環境の開発の歴史は、物質の制御の発展、とくに産業革命以降はエネルギーの制御の発展によって導かれたといっても過言ではない。先に述べた環境の開発がもたらす課題は、これらの発展の裏返しなのである。

では、こうした物質とエネルギー利用の能力をより適応的に制御し、人間による環境の持続可能性を高める方法は何であろうか。本書では、生命システムに学び、物質／エネルギーに加えて情報をデザインにおいて活用することを提案する。

なぜ生命システムに着目するのか――持続可能な秩序の実現

地球上の生命システムは、その誕生から37億年もの間、長きにわたり繁栄を続けてきた。その途上では、氷河期などの気候変動や隕石の衝突などの外乱による環境の変動を乗り越えてきたといわれている。さらに、ただ存在し続けるだけではなく、その歴史の中で次第に複雑さや能力を増大させるよう進化してきた。生命がなぜこのような持続的な発展を達成できたかを学ぶことは、人類が今後も地球の一員として持続的な繁栄を享受するために有用であると考える。

生命は、私たちがもっている宇宙についての知識からいうと、じつはきわめて特異な存在である。熱力学の観点から見れば、私たちが生命だと感じるような複雑で秩序だった現象は、持続することが難しいと考えられている。なぜなら、そのような現象は物質／エネルギー／情報の偏在を持続することを意味するが、その偏在は次第に解消され、熱力学的な平衡状態（＝ランダムな状態）に向かっていくと考えられているためだ。熱力学において、このような過程を説明するために「エントロピー」という概念がある。エントロピーとは、物事のランダムさを表す指標である。熱力学では、物質／エネルギー／情報について外

部との交換が行われない系(孤立系)においては、何らかの熱の移動現象が起こるたびにエントロピー=ランダムさは不可逆に増大し、秩序は失われていくとする(熱力学第二法則)。これは生命の言葉でいえば、「死」を意味する。ところが、現実の生命は、個体として、あるいは生態系として、熱力学のモデルから予測されるよりもはるかに長く生きる、すなわち秩序ある状態を維持している。

まだDNAの存在が知られていなかった20世紀の前半に、エルヴィン・シュレーディンガー(1887-1961／オーストリアの理論物理学者)は、物理学的な視点から生命の本質に迫り、DNAの性質を予言して分子生物学が成立する礎となった『生命とは何か』という書を著している[★5]。その著書の中で彼は、生命の本質として、上述のようにエントロピーの増大を免れ、秩序を持続できることを挙げている。

> *生命というものだけにある特徴は何でしょうか? 一塊の物質はどういう時に生きているとみなされるのでしょうか? 生きている時には、動くとか物質代謝するとか等々「何かすること」を続けており、それは生命を持たないものが運動を続けるだろうと期待されるよりもはるかに長い期間にわたって続けられるのです。*
>
> *『生命とは何か──物理的にみた生細胞』より*

本書の目的は、このような長期にわたる働きおよび秩序を維持するような環境デザイン──とくに、建築デザインのためのパラダイムを構築することである。そのためには、生命システムは、なぜこのような秩序の維持、すなわちエントロピーの減少を実現できるのか理解する必要がある。

前提となる熱力学第二法則に立ち返った時に、エントロピーの増大が不可逆となるのは、外部の系との間で物質／エネルギー／情報の交換がない孤立系の場合に限られている。すなわち、外部の系との間で物質／エネルギー／情報の交換が生じる開放系においては、エントロピーは減少しうる。生命システムによるエントロピーの減少を支えているのは、このような開放系どうしの間でのさまざまなやりとりである。たとえば、地球の生態系について考えると、エネルギーという観点で最も大きな役割を果たしているのは太陽光である。植物やプランクトンが光合成を行い、太陽エネルギーを物質として定着させることで、地球の生態系は熱力学的な平衡を防いでいる。次に、個体について考えると、植物が物質として定着させたエネルギーは土壌への定着や捕食によって環境へと伝播し、個々の個体の秩序の維持を実現している。さらに個体の構成要素について考えると、福岡伸一(1959-／日本の分子生物学者)が「動的平衡」として述べたように、哺乳類の個体を構成する物質は数カ月程度で完全に入れ替わってしまう[★6]。こうした物質交換が、個体の構成

要素の劣化＝エントロピーの増大に抗い、生物の恒常性維持を実現している。このように、生命がさまざまなレベルでエントロピーの減少を実現する上では、開放系として物質／エネルギー／情報の交換を行う仕組みが本質的な役割を果たしていることがわかる。

生命システムが開放系であるのと比較して、これまでの建築・都市は孤立系としてデザインされてきたといえる。それは、孤立した系の内部環境をパラメーターとして一方的に制御する「機械」のアナロジーで捉えることができる。機械制御のモデルにおいて、環境は操作すべきパラメーター（気温や明るさ、エネルギーの供給など）として扱われる。物質とエネルギーを用いて、これらのパラメーターを人の環境に望ましい状態に制御することが優先して行われてきたのである。

このモデルで見過ごされてきたのが、そうした制御の結果起こる、系の外部との物質とエネルギーの交換である。たとえば、都市化／工業化の中で二酸化炭素の排出量が増大し気候の変動を引き起こしていることや、特定の空間をエアコンで空調した結果、その排熱がヒートアイランド現象の一因となり都市スケールでの環境の悪化を招いていることなどが挙げられる。

ここで見られるように、孤立系としての建築・都市は、あらかじめ設定された局所的な制御のために、物質とエネルギーが消費されていくシステムであり、外部の系まで含めた全体として必要な物質やエネルギー量は考慮されない。その結果、必要以上の資源の消費や気候変動などの意図しない結果を引き起こし、さらなる環境負荷を与える負のスパイラルを生じさせるなど、適応性および持続可能性を損なっている。

その一方で、伊東豊雄（1941-／日本の建築家）は、「日本では、かつての日本家屋のように内と外とが一体化した環境をつくることができた」と述べ、伝統的な日本家屋の中にも、孤立系に対する開放系の環境デザインや建築デザインが存在したことを指摘している［★7］。既存の建築・都市においても、生命システムと同じ開放系のデザインという視点で再考することで、持続可能な環境を実現するための学びを得られるのではないか、と考える。

そして、今後の建築デザインに開放系という考え方を取り入れる上では、急速に発達してきた情報技術が大きな役割を果たすと考えられる。情報技術を、生命における神経系のように用いることで、建築と人間、建築と建築、建築と外部環境といった異なる系の間にやりとりをつくり出すことが可能となる。結果、環境全体としての最適化を図っていけるような開放系としての建築デザインを目指して、さまざまな試行錯誤が行われている最中である。たとえば、本書でも取り上げる、環境との調和に重きを置くサスティナブル建築などは、そのひとつである。

ここまでの話をまとめると、孤立系として建築・都市をデザインしてきた旧来のパラダイムに対し、生命のシステムを参考にして開放系の建築・都市デザインを目指したいと考え

ている。そのために、古代から現代に至るまでの建築デザインから学びつつ、情報技術を用いて、異なる系とやりとりのできる建築の実体化を志向する。本書においては、このようなアプローチにより、環境全体の秩序を持続可能にする建築デザインの新たなパラダイムを模索する。

生命に学ぶ建築の文脈

　建築が生命を手本とするのは、今に始まったわけではない。「生物としての人間」にふさわしい環境デザインとして、建築に生命の形態を取り込もうとする動きは歴史上しばしば登場してきた。

　たとえば、形態として生命を強く意識した建築が登場したのは、バロック時代である。バロック建築を最初の生命的かつ動的な建築デザインの萌芽期であるととらえる研究者もいる［★8］。確かにバロック期の建築は、多重な焦点を持ち、有機的な流動感が強く、生命的かつ動的なダイナミズムで満ち溢れている。人間と環境（建築、人工物を含む）との関係性をデザインの特徴のひとつであるとするならば、視覚や聴覚など人間の感覚と建築物との深い関係性を基軸に形成されたバロック建築を、生命を意識した建築の一例として位置づけることができるのではないだろうか。

　アントニ・ガウディ(1852-1926／スペインの建築家)は自然界に学び、興味深い昆虫や花や樹木の形態を建築の造形に翻訳し、アール・ヌーヴォーは植物の形を建築に模倣した。これらも、まさに生命を意識した建築の先駆けといえよう。エクトール・ギマール(1868-1942／フランスの建築家)の「パリのメトロ入口」はその代表的な例である。1900年のパリ万国博覧会に合わせて開通したメトロの出入口に採用されたギマールの作品は、緑の蔦が絡まったような有機的な形態を鋳鉄で表現している。生命を形態で表象した建築の例である。こうした動向はモダニズムにおいても、フランク・ロイド・ライト(1867-1959／アメリカの建築家)などの建築に展開が見られる。アール・ヌーヴォーほど直接的な表現方法ではないが、「有機的建築」の概念に基づき、自然と人工物との境界をできる限り取り去り、溶け合おうとする工夫が随所に見られる。「落水荘」や「ジョンソン・ワックス社」などがその好例である。

　生命に学ぶ建築デザインの文脈として重要な思想は、地球環境への配慮から紡ぎ出された。エコロジーやサスティナブルを目指す環境志向のアプローチは、1960-70年代頃から少しずつ広がりを見せていった。

たとえば、健康や環境に配慮した建築について考える学問分野であるバウビオロギーは、1960年代ドイツで生まれている。バウビオロギーとは、ドイツ語で建築（＝バウ）、生命（＝ビオ）、学問（＝ロゴス）を組み合わせた造語であった。

また、MITのドネラ・H・メドウズ（1941-2001／アメリカの環境科学者）らによって1972年に提示された有名な「成長の限界」は、社会的に大きな影響を与えた。彼らは、シミュレーションを根拠に、このまま何も手を打たなければ、100年以内に石油が枯渇するというシナリオを世界中に打ち出した。石油だけではない。そう遠くない将来に、食物や天然資源が枯渇し、人口の過密化と工業生産の増大が地球規模での環境汚染をもたらすと警鐘を鳴らしたのだ。深刻な環境破壊が叫ばれ、ちょうど1973年の石油ショックと重なり、世界中にその危機感を浸透させた。こうしたメドウズらの「成長の限界」に関する予言と相まって、ライトの弟子であるパオロ・ソレリ（1919-2013／イタリアの建築家）が、アリゾナの砂漠に「アーコサンティ」という生態的都市をつくり始めたのも、1970年頃からであった。70年代以降、建築に極めてエコロジカルな表現が目立ってくる。

日本においては、「メタボリズム」がこの時代の代表的なムーブメントといえる。メタボリズムとは、1960年頃に菊竹清訓（1928-2011）、黒川紀章（1934-2007）ら当時の日本の若手建築家が起こした建築運動である。彼らは、「新陳代謝（metabolize）」のコンセプトに基づき、社会の変化や人口の増加に合わせて有機的に変化する都市や建築を提案した。本書でも、その代表的な例である「中銀カプセルタワー」を第1章で挙げている。

その後、1980-90年代には、地球温暖化に起因する地球環境への配慮から、生命をめぐる議論が活発になっていく。21世紀になると、地球環境への深刻な問題が浮き彫りになり、生命論を重要視する気運がさらに高まってきた。また、先進国の建築や都市は高度成長期を経験し終え、一生命に置き換えてみれば、青年期をすぎ成長期を迎えたといえる。一巡した先にある大きな転換を今まさに経験しようとしているのだ。

建築で使用するエネルギー・ゼロを目指す、「ゼロ・エネルギー・ビルディング」もこの流れを汲むものである。

自然と生命に学ぶ「バイオミミクリー」は、本書で提唱する「生命に学ぶ建築デザイン」のコンセプトと共有する部分を持つ[★9]。バイオミミクリーの語源は、「bio（生物）」＋「mimicry（模倣）」からきており、自然界の形態とプロセスを模倣することに重きを置いている。その結果、新たな素材やプロダクトデザインの分野で大きな成果を出している。それに対して、私たちが目指す「生命に学ぶ建築」は、学ぶ姿勢は同じであっても、形態などを模倣することは考えておらず、主にシステムに着目をする。また、対象とするスケールも空間単位を基本としている点に差異があるといえよう。

さらに今日、「生命に学ぶ建築」を後押しするのは、ロボティクスやIoT (Internet of Things)、AI (Artificial Intelligence)など先端技術の目覚ましい発達である。18-19世紀頃、有機体説が全盛であった当時は、生物の造形やプリミティブな特徴を建築や都市のかたちに模造するにすぎなかった。しかし、こうした先端技術の進展により、それらを組み合わせることで人工物を本格的に生命のように働かせる基盤技術が整いつつある。先端技術と建築や都市を今後どのように融合していくのか、その具体的なデザイン論・手法の発展も待たれるところである。

これからの生命に学ぶ建築デザインは、時代とともに重層的に積み重ねられた文脈を踏まえながら、包括的に建築空間の生命化を実現する画期的な創造が期待される。

本書の出版にあたって

本書『生命に学ぶ建築』は、2007年から始めた日本建築学会情報システム技術委員会内における空間生命化デザイン・ワーキンググループ (WG) の研究活動の一端を整理し、わかりやすくまとめたものである。これまでWGで集収してきた事例から生命の特徴を〈動的平衡〉〈相互作用〉〈成長〉〈再生〉の4つに絞り込み、さらに事例の追加・整理を繰り返し、編集を試みた。

以下にて、本書で用いた4つの生命の特徴を紹介する。

1. 動的平衡 [Dynamic Equilibrium]
――継時的な劣化に対する物質／エネルギー／情報の交換による適応

生物の細胞も、物質であるため熱力学第二法則から免れることはできず、何もしなければエントロピーが増大しその機能や構造を失っていくことになる。ルドルフ・シェーンハイマー (1898-1941／ドイツの生化学者)らの研究により、細胞を構成する物質が、哺乳類の場合に数カ月程度でまったく入れ替わることで、そのような劣化を防ぎ、恒常性を維持していることが明らかとなっている。福岡伸一は、これを生命の最も重要な特徴のひとつとし、「動的平衡」と呼んでいる。

これを建築に置き換えて考えてみよう。「建築」というシステムを構成するエレメントの物質／エネルギー／情報は、時間とともに秩序を失っていく (=劣化する)。このシステムを構成するエレメントが劣化してしまう前に、それらを自発的に、ダイナミックに入れ替えながら、システム全体の機能を維持し続ける戦略が〈動的平衡〉である。このような戦略

を達成するには、システムを要素からではなく、全体からデザインし、システムが提供する機能に一定の幅（ゆらぎ）を持たせることが求められる。

さらに、このシステム機能の「ゆらぎ」の範囲の中で、ダイナミックにエレメントを入れ替えながらも、システムがその本質を見失わずに持続するためには、システムを構成するエレメントを入れ替える「ルール」をシステムに組み込んでおくことが必要となる。システムが自分を変えていくルールを内包することで、生命的なシステムは人間に一方的につくられて機能するだけのシステムでは決してたどり着くことができない真の持続可能性を獲得できる。

一般的な建築においては、構成部材は施工完了時が最良の状態であり、その後は次第に劣化し、必要なタイミングでリフォームや建て替えが行われる。一方、ここで取り上げる事例、たとえば「伊勢神宮」においては、定期的な解体と再構築を行うプログラムを持っており、結果、1,300年という世界に類を見ない期間にわたってその宗教的な建築の象徴性を維持できている。

2. 相互作用 [Interaction]
――外部／内部における短期的な状態変化に対する弾性的な適応

生物の置かれる環境および自身の内部環境は、絶えず変化しており、特定の機能や状態を維持するためには変化への応答が必要となる。それらの状態変化に対応するため、生物はホルモンやフェロモンのような分泌系や神経系を発達させて、身体の状態やふるまいを変えるなどして、高度に応答する機能を発達させてきた。

旧来の建築においては、分泌系や神経系に相当する機構がなかったためこのような高度な応答は限られていた。しかし、情報技術の発達によりセンサー／ネットワーク／アクチュエーターなどの応用が進められ、状態変化を感知して振る舞いや構造を適応させることが可能になってきている。

そこで、建築空間の置かれた外部環境および利用者の置かれた状況について、それぞれの変化を空間自体が情報として認識し、その結果生じた空間への要求の変化に対して、あらかじめ構成されたシステムがその振る舞いを変える戦略を〈相互作用〉として考えたい。

建築の事例としては、環境変化への適応を静的なプログラムとしてもっている「聴竹居」や「名護市庁舎」などを取り上げる。さらに、要素技術ではあるがより先端的で示唆的なシステムの事例として、構造の健康状態を自らモニタリングする建築システム「構造ヘルスモニタリング」や、温度とエネルギー消費のバランスを動的にとるインテリジェントなサーモスタット「Nest」などを取り上げる。

3. 成長 [Growth]
——外部／内部における長期的な状態変化に対する不可逆的な適応

　生物の個体は、発生から成熟するまでに細胞分裂や変態などを通して成長する。どのような成長をどのようなタイミングで遂げるかはDNAによってコントロールされているが、近年の研究により、その過程は一意ではなく環境や内部の状態がDNAの発現に考えられていたよりも大きな影響を及ぼしていることがわかってきた。

　建築デザイン一般において、プログラムは当初の設計において規定され、使われる中でプログラムやそれに基づく空間の構成が大幅に変化することは前提にされていない。しかし、利用者および環境の状況が変化すれば、そのようなレベルでの変化が求められることもある。変化への対応は、増改築あるいは建て替えによりなされるが、環境負荷の面を考えれば前者のほうが望ましい。さらに、そのような変化をあらかじめプログラムに含めておければ、増改築にかかる負荷を減らせられるのではないかと考える。

　そこで、建築空間を取り巻く外部環境および利用者の置かれた状況により生じる建築空間への要求の中長期的な変化に、空間やそれを形成するシステムを不可逆的に変化させる戦略を〈成長〉とする。

　ここで取り上げる事例は、家族のライフステージに合わせて空間の構成を変えていった「ガラスの家」や、モジュールによる拡張性が当初からプログラムに組み込まれている「国際宇宙ステーション」などである。

4. 再生 [Regeneration]
——資源の変動に対する消失／出現による適応

　熊が飢えをしのぐために冬眠をするように、あるいは春に開いた花が秋冬は硬い種となって寒さをしのぐように、生物は活動を行うための物質／エネルギーの資源の多寡に応じてふるまいや形態を変え、生命を持続する仕組みを持っている。ここで重要なのは、活動を停止している間も個体や遺伝子のかたちで生命としての情報が保存されており、十分な資源が利用可能になったら活動が再開できるようになっていることである。

　これを建築に当てはめて考えてみよう。たとえば、広場や街道などの公共スペースにおいて市場が開かれる光景は世界中で見られる。このとき、人々は仮設的な店舗を組み立てて物の売り買いを行い、空間は仮設の構造物で埋め尽くされる。時間が来ると人々は店舗を畳んでどこかへ消えてゆき、空間はまた元の何もない状態へと戻ってゆく。テンポラリーであることで、商売する人は地代を節約でき、構造物は劣化から逃れることができ、空間は多様な使い方を可能にする。

　建築空間の機能に対する需要は、季節などの外部環境に応じて変動する。これまで

の建築空間は永続的な構造体として存在することを前提に設計・運営されてきたが、先に述べたような需要の変動に応じて、非破壊的に消失／出現を行えるようにすることで、維持コストの最適化や空間の有効活用が望める。より柔軟な建築空間の運用を行うことが、〈再生〉の戦略である。

　実際にこのような振る舞いが実現されている、毎年特定の季節や時期に現出／消滅する「海の家」や「縁日の屋台」、世界巡回を行う「ノマディック美術館」、都市に溜まる欲求を解放するために砂漠にできる仮設都市「バーニング・マン」などの事例を取り上げる。

　今回取り上げた事例は、より明確に「生命に学ぶ建築」すなわちBiofied Architecture［★10］の意図が伝わりやすい事例に絞り込んで選択した。

　こうした事例の編集を通して、「生命」というコンセプトから建築空間に新たな視座を与え、より豊かな生活空間の創造を導くことを期待している。

★1──米国農務省「PS&D」、農林水産政策研究所「2019年における世界の食料自給見通し」より。
★2──資源エネルギー庁「平成24年度エネルギー白書」、IEEJ「アジア／世界エネルギーアウトルック」より。
★3──『ナショナル・ジオグラフィック』2011年1月号より。
★4──Vaclav Smil, "Making the Morden World: Materials and Dematerialization", John Wiley & Sons, 2013より。
★5──Schrödinger, E., What is Life?, Cambridge University Press, 1944［邦訳版：E・シュレーディンガー（著）／岡小天、鎮目恭夫（訳）『生命とは何か──物理的に見た生細胞』岩波文庫、2008］
★6──福岡伸一『動的平衡──生命はなぜそこに宿るのか』木楽舎、2009
★7──日経アーキテクチュア『NA建築家シリーズ 伊東豊雄 増補改訂版』日経BP社、1996
★8──吉田和夫ほか『生命に学ぶシステムデザイン──知能化から生命化へのパラダイムシフト』コロナ社、2008
★9──Benyus, Janine M., Biomimicry: Innovation Inspired by Nature, William Morrow, 1997［邦訳版：ジャニン・ベニュス（著）／山本良一、吉野美耶子（訳）『自然と生体に学ぶバイオミミクリー』オーム社、2006］
★10──〈Biofied〉とは、「生物」や「生物的な」を意味する〈Bio〉と、「…化する」を意味する〈-fy〉を組み合わせた造語〈Biofy〉を形容詞化したもの。「生命化」を意味し、〈Biofied Architecture〉は直訳すると「生命化建築」となる。

第1章
動的平衡

動的平衡とは、入れ替え続けること

　システムを構成する物質／エネルギー／情報が時間とともに劣化してしまう前に、システム全体の機能が失われないようにバランスをとりながら劣化した要素をダイナミックに入れ替え続けていくことで、システムを維持し続ける戦略が〈動的平衡〉である。

　このような戦略を達成するには、ダイナミックにバランスを維持するための幅、すなわちゆらぎを持たせてデザインすることが求められる。さらに、劣化した物質／エネルギー／情報を入れ替えるルールをシステム自身に組み込んでおくことが必要となる。システムがそれ自身を変えていくルールを内包することで、人間に一方的につくられて機能するだけのシステムでは決してたどり着くことができない持続可能性を獲得した、生命に学ぶシステムを実現することができると考えている。

破壊と修繕を繰り返しながら同一性を保つ生命

　生命は37億年の歴史の中で、持続可能性のためのさまざまな戦略をつくりあげてきた。筆者らは、数ある戦略の中で〈動的平衡〉が本質的な方法のひとつであると考える。

　生命の〈動的平衡〉とは、「システム外部から負のエントロピーを供給しつづけることで、秩序や機能を維持すること」と定義されている[★1]。すなわち、生命というシステムは、物質やエネルギーの交換を絶え間なく続けることで、劣化をキャンセルしているのである。

　ここで、生命における〈動的平衡〉という概念の歴史を少しだけ振り返る。エルヴィン・シュレーディンガーは生命現象の本質について考察し、「エントロピーが増大に向かうという物理法則に支配された世界の中で、生物が崩壊を経て平衡状態に至らないのは、環境から『負のエントロピー』を絶えず摂取することでエントロピーの増大を相殺し、その水準を一定に保持しているからである」と説明している。また、福岡伸一は、シュレーディンガーの洞察、ルドルフ・シェーンハイマー(1898-1941／アメリカの生化学者)の「生命の動的な状態」という概念を踏まえて、物理学・化学分野で用いられている〈動的平衡〉という用語を援用し、「生命とは動的平衡にある流れである」と主張した。福岡は、「消化管の細胞は1日で、筋肉の細胞は約2週間ほどで、構成する細胞の半分ほどが入れ替わっている」などの例を取り上げ、一見変化していないように見える生命も物質レベルでは常に更新され続けていると指摘している[★1]。

　このように、一見変化していないように見える生命であるが、実際には自らを破壊しながらも修繕を続けることで、秩序を回復し恒常性を維持しているシステムなのである。

かたい建築からやわらかな建築へ

　これまで建築は、その機能が十分に発揮できなくなった場合、スクラップ・アンド・ビ

ルドされてきた。このような振る舞いは、有限な資源を用いて持続可能な社会をつくるという視点に立てば、決して合理的であるとはいえないだろう。

　スクラップ・アンド・ビルドせずに、機能を長期に発揮できる建築をつくるときには、どのような解決策があるだろうか。建築がコンクリートや鉄でつくられるようになってからは、「変化しない」「外部からの影響を受けにくい」といったかたい建築を志向することが主流であったと考える。

　「諸行無常。形あるものは、いつかは壊れる」

　どんなにかたい建築も、「形あるもの」である限り、いつかはその秩序が失われていくのである。これを無視して、「形」としての建築を維持することに莫大なリソースを投入し続けることが持続可能でないことは自明であろう。

　私たちは、「建築とは『社会』という外の径に開かれたシステムである」との意識が欠如した、現在の持続可能性への取り組みには限界があると考えている。

動的平衡をデザインするために

　生命は37億年前に誕生したときから、かたい構造をつくるのではなく、やわらかな構造をつくり、エントロピー増大の法則に飲み込まれてしまうよりも早く、先回りして自らを壊し、つくり変え、秩序立った状態を取り戻す方法を選択している。

　このことを建築に置き換えるならば、そのシステムに対して広い意味での「修繕を繰り返す」ということになるだろう。たとえば、「伊勢神宮」は20年という周期で式年遷宮を繰り返している。この20年は森に木材を育てる期間であるとともに、正殿を建て替える匠の技、さまざまな儀式に関わる決まり事、そして古の日本人が子々孫々に伝えようとした精神性、それらを語り継いでいくための期間でもある。このような営みを通じて、伊勢神宮は信仰の遺構ではなく、今もなお人々の祈りの対象として生き続けている。個体としての建築が価値やサービスを提供し続けるためには、建築にとっての生態系である社会のライフサイクルに合致して、社会というシステムとともに持続されなければならない。

　動的平衡を体現した建築的営為のひとつが「修繕」である。「ジェンネ・モスク」では、1000年後もそこにあるであろう材料を使うことで物質の流れの永続性がデザインされ、「ストックホルム市立図書館」では、図書館分類法が本という情報の流れの秩序をデザインしている。「緑の中のスタジオ」を包み込む光や森のエネルギーの流れを安定させているのは森であり、「詩仙堂」の美しい秩序を維持しているのは庭師による日々の庭の手入れである。事例としては取り上げなかったが、「茅葺屋根の民家」も〈動的平衡〉な修繕が実現されている建築システムといえるだろう。合掌造りで有名な白川郷では、「結」と呼ばれる労働交換の仕組みにより、集落自体とそれを構成する建築が持続されているのである。

「伊勢神宮」や「ジェンネ・モスク」などで行われている修繕が、単なる建築の改修と決定的に異なるのは、ルールを内包しているかどうかである。そして、システム自身がルールを内包していることで、いずれの事例においてもシステムが止まることなく、更新されていくことが可能となっているのである。

本来の〈動的平衡〉は細胞生物学的な概念であり細胞レベルでの現象であるが、個体レベル、生態系レベルなど上位の階層においても、広義の〈動的平衡〉が成立している。同様に、「トトラの浮島」では、住宅システムが物質の流れを基軸とする〈動的平衡〉を実現しているだけでなく、この住宅が家族のあり方やライフスタイルにも影響を及ぼし、結果としてコミュニティとしての持続可能性を獲得しており、コミュニティ・レベルでの〈動的平衡〉を達成した事例であると考える。

日本の近代建築史を振り返れば、生命をレファレンスする建築や都市の代表としてメタボリズムが挙げられる。「代謝する建築」という設計思想は、まさに〈動的平衡〉を実現しようとするものであった。「中銀カプセルタワービル」は可能性を強く感じさせる建築であったが、残念ながら未だ代謝されていない。メタボリズムと時を同じくしてイギリスに生まれた前衛建築家集団アーキグラムから生み出した「プラグイン・シティ」は必ずしも生命をレファレンスしたわけではないが、提案されたシステムは都市スケールでの〈動的平衡〉を具体的に示すものである。

これらに類似した既存の建築システムとして、「スケルトン・インフィル」という考え方も存在する。生命的な比喩で表現するならば「骨格と内臓に分割し、内臓を交換することで機能を更新する」といった考え方であるが、これではシステムとしての機能の中断から逃れられず、生命に学ぶ「機能を維持したまま更新されるシステム」とは異なる方法論であると考えている。

生命の〈動的平衡〉は非常に複雑で巧みな現象であり、本章に取り上げた事例が、必ずしも〈動的平衡〉を完全に実現できているわけではない。しかし、原始生命から続く37億年の営みに学び、建築というシステムに持続可能性を与えるためにも、これからの建築デザインにおいて〈動的平衡〉がレファレンスすべき戦略であり、必要な概念であると筆者らは考える。

★1——福岡伸一『動的平衡——生命はなぜそこに宿るのか』木楽舎、2009

参考文献
Schrödinger, E., *What is Life?*, Cambridge University Press, 1944［邦訳版：E・シュレーディンガー（著）／岡小天、鎮目恭夫（訳）『生命とは何か——物理的に見た生細胞』岩波文庫、2008］

01 伊勢神宮
7世紀｜日本・三重｜–

1300年間連鎖し続ける信仰のアクティビティ

萱などの建築材料の耐用年数、建築工匠の技術伝承、遷宮費用の捻出といった「物質／エネルギー／情報の流れ」が巧みにデザインされている、「式年遷宮」というシステム。多種多様なものと人のアクティビティの複雑な連鎖をデザインすることで、1300年の時を超えてひとつの建築を持続させる。

伊勢神宮では、旧殿の御神体を新殿に遷す式年遷宮が1300年以上にわたって行われてきた。持統天皇4 (690) 年を第1回目とし、以降およそ20年に一度の式年遷宮が現在まで続く [★1]。世界的にも稀なこの建築的営みは、日本独自の気候・風土から育まれた社会や文化が、「持続」を達成しようとするときに鑑とすべき概念と具体的な方法を象徴しているといえよう [図1]。

「流れ」をデザインする

建築物の「持続」を考える時、経年劣化からいかに免れるかが第一の課題となる。時間の経過とともに建築物を構成する材料の組成は変化し、強さやしなやかさが失われて壊れていく。それは生命も同様であり、補修・更新を続けなければ生きながらえることができない。そのため生物には、生命を構成する分子を分解し、それを新たに摂取した分子と置き換えていく仕組みが備わっている。そこにあるのは、「流れ」であり、その「流れ」の平衡の中で、生命はかろうじて一定の状態を保っている。この生命の特異なありようをルドルフ・シェーンハイマーは「動的な平衡」と名づけ、「生命の真の姿とは動的平衡の流れである」と主張した。生命とは、ダイナミックに分解と置換を繰り返し、自らを構成する要素を入れ替えながら、その秩序を維持し続けるシステムなのである。

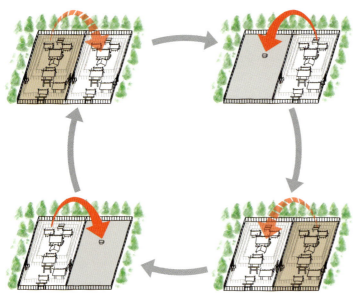

図1：式年遷宮のダイアグラム

伊勢神宮の式年遷宮は、生命が獲得したこのシステムに類似した人工システムといえる。生物が古くなった分子を新しい分子と入れ替えるのと同じように、社殿の解体、建て替えを繰り返す「物質の流れ」を獲得したシステムである。同じ材料、同じ工法・技術をもって、同じプランと仕上げに建て替えることで、同一の建築が永遠に継続するシステムをつくりあげている。

　ただし、伊勢神宮の持続性については、実際にはその起源について史的正確性に欠く部分があるとも指摘されている[★2]。その形態もたびたび変更が重ねられており、古代と現代の違いとして、❶高欄の形式が古代のほうが複雑で装飾性が高い、❷正面の木階の幅が古代では五尺と狭い、❸桁や棟木の断面が柱の太さに比べて古代のほうが小さいなどがいわれている。江戸時代以降は、図面というツールが普及し、その伝承はより正確性を増す。しかしながら、こうした起源や形態的同一性の問題は、生命の起源や形態の持続と重ねあわせて考えることで「伊勢神宮という建築システム」が持続しているという魅力を貶めるものではないと理解される。

物質／エネルギー／情報＝建材／経済／技術
　遷宮では、新しい檜や金銅金物が用意され、正殿等の社殿が隣の土地に新造される。また、当代の名工たちが御装束（神々の衣服や装飾品など）や御神宝（楽器や文具、日常品を含む神々の用に供する調度品）を新調する。1995年の遷宮では、その経費は3277億円にものぼり、そのうち材料費として檜に55億円、金銅金物に19億円が支出された。伊勢神宮における〈動的平衡〉を成立させる「流れ」とは、「物質の流れ」だけでなく、経済のような「エネルギーの流れ」も含むと考える。実際、伊勢神宮主事の音羽悟氏によれば、室町時代までは米が財源であり、天日で干して乾燥させたお米の保存期間が20年だったため、遷宮が20年に設定されたのだという。

　また、このシステムには、建築技術の伝承も加味されている。遷宮に携わる工匠は、9世紀初頭においては、造替工事をつかさどる「造宮使」という官庁があり、長官・次官・判官・主典・木工長上・番上工、で構成されていた。このうち木工長1人と番上工40人は朝廷から派遣される優秀な技術を持つ建築工匠であった。やがて、11世紀後半より造営組織も形成され、神宮専属の工匠である「神宮工」が台頭するようになる。14世紀には、「橘」「宇羽西」「中臣」などの特定の工匠名が記録に登場し始め、専業化をたどる。こうした大工職は、伊勢神宮のための工匠家として世襲されるようになり、技術もそれら工匠家で継承されるようになっていった。そして15世紀になると、有力な神宮工が利権化するまでに発展をしていく[図2]。さらに16世紀になると、勧進僧の主導により遷宮が行われるように変化していく。江戸時代に活躍する神宮工の多くが、16世紀後半から続く工

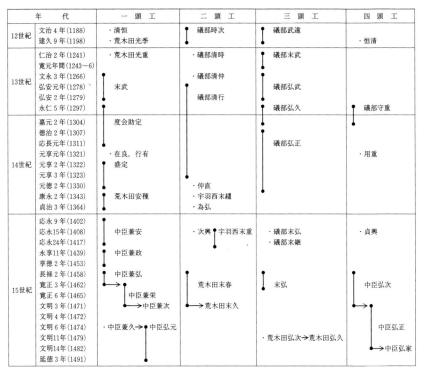

図2：12世紀-15世紀の内宮の頭工の系譜

匠家の出身であった。この時期より御師の活躍が活発になっていく。御師のなかには、北氏の出雲家のように大工職を複数所持する家や14世紀から外宮工を世襲した藤井氏のように有力な工匠がいた。

　こうした、工匠の系統化が伊勢神宮の持続を支え、その系統化を実現したのが独自の遷宮期間であった。20年という期間が、工匠内での師弟間の技術伝承——つまり「情報の流れ」を成立させた。事実、遷宮を60年と定めた出雲大社は、理由はひとつに限らないが、技術を十分に継続することができなかった。文書に書き留めたりするだけでは決して伝えることのできない匠の技術が、次の時代の匠の技術へと入れ替えられていくこのシステムは、生命に学ぶ建築としての伊勢神宮にとって大切な〈動的平衡〉の流れであろう。

　さらに式年遷宮では、様々な儀式が行われる。式年遷宮の主要な儀式は「山口木本祭」から始められる。「山口木本祭」は式年遷宮の3年前の冬に、造営に使用する木材を伐りだす山の入口において行われる儀式である。これに続いて、心御柱に用いる木材を伐採

するための儀式など、多くの造替工事に関わる儀式が設定されている。「儀式化」──つまり「プロセスのデザイン」も、〈動的平衡〉における情報の流れにとって、有用な戦略である。

「つくる」ことと「はぐくむ」こと

　日本神話『古事記』には、天照大神と豊受大神が登場する。伊勢神宮では、この2つの神様がそれぞれ内宮と外宮に祭られている。天照大神は最高神であり、この世に太陽のような光と稲を与えた神様とされている。一方、豊受大神は与えられた稲を耕し、育む神様である。2つの神を軸に、豊かな国作りを目指して、農耕豊作を実現することのできるメカニズムになっている。日本では古代から「つくる」という単一の概念だけではなく、つくったものを「はぐくむ」概念を同時平行的に持ち合わせ、どちらも重要なこととして考える習慣が存在していた。

　このことは、「つくる」だけではなく「つくった後」においても、維持し持続的に営むという概念が古来から日本に存在し、このことが日本の建築空間の在り方に少なからず影響を及ぼしているのではないか、という興味深い視点を提供してくれる。

　伊勢神宮の遷宮は、応仁の乱の混乱期を除けば、古代から現代までほぼ20年ごとに、基本的に同じ建築形式の造替が続けられてきた。生命になぞらえるならば、同じ機能を持つ細胞を作り続け、置き換えて行く動的平衡なシステムだと言える。それを支えた工匠たちの活動は、時代の政治や経済の変動に対応しながらも、しなやかに、そして動的に変化し、強い意思のもと技術は伝承されていった。柔軟に平衡を保ちながらも、システムの秩序を維持していく〈動的平衡〉の概念が埋め込まれており、伊勢神宮はまさに〈動的平衡〉を体現する代表的な建築といえるであろう。

★1──平安時代から鎌倉時代末の1323年の造替までは19年ごと、1431年までは20年ごと、1462年までは31年と、遷宮の期間にもばらつきがあった。また、応仁の乱の混乱のために100年以上、太平洋戦争のために1度造替がされなかった時期もある。
★2──7世紀を起源とする最古の文献は『日本書紀』と『古事記』のみで、より具体的な存在を確認できるのは9世紀の儀式帳まで空く（『止由気宮儀式帳』『皇大神宮儀式帳』）。

参考文献
浜島一成『伊勢神宮を造った匠たち』吉川弘文館、2013
渡辺保忠『伊勢と出雲』平凡社、1964
川添登『木と水の建築 伊勢神宮』筑摩書房、2010
井上章一『伊勢神宮 魅惑の日本建築』講談社、2010
テレビ番組「ぶっちゃけ寺のお伊勢参り」2016/6/13放送

02 ジェンネ・モスク
1280年頃｜マリ共和国・ジェンネ｜−

地球のリズムで動き出す人々が生む「泥建築」

雨季と乾季の繰り返しがつくる時間の流れが生み出したジェンネ・モスクは、「泥建築」の修復という繰り返されるアクティビティを通じて、ジェンネの人々の信仰や生活、そして農業・漁業などの産業までも含むコミュニティ全体にバランスをもたらし、その持続可能性を高めている。

37億年前、生命が誕生した太古の海には、有機物があふれていた。それらの有機物が海底火山の熱やその他の化学物質などの影響を受け、化学的な反応を繰り返す中で、生命は誕生した。広い宇宙の中には有機物を材料としない生命も存在するかもしれないが、少なくとも地球上の生命は、「母なる海」にあふれていた、身のまわりにある有機物を選んだのである。なぜなら、エントロピー増大の法則によって容赦なく秩序が失われていく中で、生命というシステムを修繕し続けていくためには、身のまわりにあり、持続的に入手できることこそが最も重要な決定要因だからである。そして37億年経った今も、それは変わらない。

サハラ交易の要衝として栄えたジェンネという都市の人々が、モスクの材料として「泥」を選んだのも、まったく同じ理由であろう。ニジェール川沿いに位置するジェンネでは、乾季（11−5月）に浅くなったバニ川（ニジェール川の支流）の川底から良質の「泥」が容易に、そして持続的に入手できるのである。「泥」は身のまわりにある建築材料である一方で、もろく壊れやすい材料でもある。雨が少ない地域とは言え、雨季（6−10月）に生じる豪雨は、建物そのものを破壊してしまうこともある。しかし、そのことを気にしている住民はいない。

壊れたら修復する……

「泥」を使って建築をつくり始めたそのときから、ジェンネの人々にとって「修繕」は特別な何かではなく、人々の生活そのものである。「修繕」をシステムとしてどのように駆動するかは、生命に学び〈動的平衡〉を実現する建築にとって大きな問題であるが、ジェンネ・モスクでは人々の信仰心がそれを支えている。住民の手によって毎年おこなわれる「泥」を塗りなおす行事は、一見するとお祭りのようであるが、「泥」を自らの手に取り、モスク

を修繕することこそが神への信仰心を示す営みとして根付いているのである。この泥を塗り直す作業は、乾季になるとバニ川の川底に現れる貯泥場の泥に藁や作物の殻を混ぜて1カ月ほど寝かせるところからスタートする。そして、発酵し臭いを発し始めた泥は、強度を持った建築材料となる。泥や水を運ぶ作業は、多数のまちの住民が分担しておこなうが、壁の塗り直しは世襲制の泥大工が担当する。このように、ジェンネ・モスクという建築は、ジェンネというまちの社会システムと一体になって動き続けているのである。

　このまちでは、モスクだけでなく、住民たちの住まいも「泥」を材料としている。ジェンネの人々にとって、建物が壊れていること・壊れていくことが当たり前のこととして認識されている。このことは、現在の日本において高いレベルの「耐久性」を建築に求められることとは真逆のように感じられるが、持続的なシステムを実現するという観点で考えるなら

図1：バニ川から泥を掘り起こし建材とする

ば、非常に賢い選択であるといえるだろう。

　13世紀のジェンネの人々は、自分たちに続く子孫が、「修繕」を生活の一部として当たり前のように続けていることを信じて、100年後も1000年後も成立する物質の流れをデザインしたのである。

　ジェンネ・モスクでは、エントロピーの増大を非常に受けやすいもろく壊れやすい「泥」を用いながらも、神を敬う気持ちがモスクに「負のエントロピー」を供給し続けることで、持続する建築を見事に成し遂げている。

　100年後、ジェンネ・モスクを見たならば、それは今のそれとは少し違う形をしているかもしれない。それでもこのモスクを大切にしようとする住民たちの気持ちと、材料としての泥はずっと変わらずにいるに違いない。そしてこの「泥建築」から学び、生産や運搬に過

図2：泥は人の手によって運ばれる

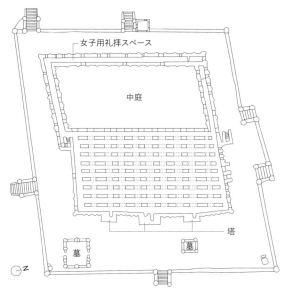

図3：平面図

図4：町も土でつくられている

剰なエネルギーやコストをかけることなく入手可能な身近な材料を使うこと、劣化することを前提として修繕する営みを日々の生活に組み込むこと、という持続可能性の実現に必要となる2つの観点を取り入れた建築システムをつくりだしていかなければならない。

参考文献
Joy, C, "Enhancing Town of Mud: Djennè, a World Heritage Site in Mali," *Reclaiming Helitage: Alternative Imaginaries of Memory in Western Africa*, 145-159, 2007
Joy, C., "Negotiating Material Identities: Young Men and Modernity in Djennè," *Journal of Material Culture*, 16(4), 389-400, 2011
Verkaaik, O. (Ed.), *Religious architecture: anthropological perspective*, Amsterdam University Press, 2014
伊東未来『マリ共和国ジェンネにおけるイスラームと市場』総合地球環境学研究所「砂漠化をめぐる風と人と土」プロジェクト、2014

03 | **トトラの浮島**
16世紀頃｜ペルー・ウロス島｜−

自然素材の代謝と平衡で
環境に適応する建築

トトラ（葦）は、建築材料であるというだけでなく、食糧や燃料としても利用されている。日・月・年といった多様な時間サイクルで利用されるトトラ。この物質の循環を「島」に組み込むことによって、「皮膚」が生命システムを守ってくれているように、ウル族の持続可能なコミュニティをつくりだしている。

人間の皮膚（表皮）は絶えず細胞分裂を繰り返し、定期的に古い細胞が新しい細胞に入れ替わっている。この代謝サイクルは「ターンオーバー」と呼ばれ、人間の皮膚では1サイクルは約28日間といわれている。黒く日焼けした肌が、自然にもとの肌色に戻るのは、この働きによる。皮膚という非常に薄い膜が体を覆ってくれているおかげで、生命活動に必要な水を失うことなく、あるいは外からの物質の侵入を防ぎながら、私たちは日常生活を続けることができるのである。

　ウル族にとっての浮島は、人間にとっての「皮膚」のようなものかもしれない。

　ペルーとボリビアの国境に位置するチチカカ湖は、兵庫県程度の大きさをもつ湖である。このチチカカ湖では、ウル族が今も水上生活を送っている。ウル族の人たちは、トトラと呼ばれる葦を2mの厚さに敷き詰め、人がその上で生活をすることができる浮島をつくり、そこにコミュニティを形成している。

　浮島のつくり方は、❶ブロック状に切出したトトラの根を繋いで固定する、❷その上にトトラを互い違いに敷き詰める、といういたってシンプルな方法である。この浮島の上に建てられる住宅は、トトラで編んだマットを木の枝で支えた簡素な造りとなっている。かつては湖上に2000人以上が暮らしていたが、現在では陸に定住する人も増えて、700人程度が水上生活を続けている。浮島の上には住宅があるだけでなく、大きな浮島に学校や教会もつくられている。

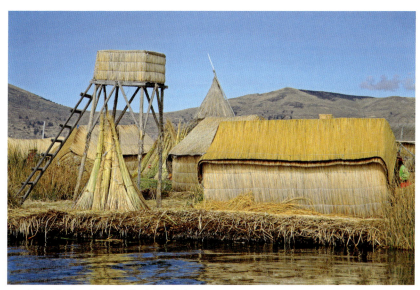

図1：浮島、住宅など多様な用途にトトラを活用

水中のトトラは時間と共に腐食していくので、3カ月ごとに新しいトトラが補充し続けられている。ウル族の人たちは、トトラを建築材料としてだけでなく、食糧や燃料、あるいは歯磨きや湿布といった日用生活品としても活用しているため、トトラの葉は供給され続けていく。浮島としての寿命は30年程度といわれており、人間の人生のタイムスパンとある程度符合している。この「人と建築とのタイムスパンの符合」を達成する戦略が、素材であるトトラを代謝させる〈動的平衡〉のシステムの導入である。「周囲の環境から物質を取り込むことで、代謝により失われる秩序を回復させ、システムを維持する」といった、生命が見出した〈動的平衡〉との類似した戦略を採用したトトラの浮島と、そこに暮らすウ

図2：湖に自生するトトラ

図3：住まいの細胞となる葦

ル族の人たちの生活には、生命との共通点を見出すことができ、持続可能性を高める建築システムのあり方として学ぶべき多くの点がある。

〈動的平衡〉により秩序を維持することに加えて、居住者の構成や生活の変化に適応し、住居の規模を少しずつ連続的に成長させることができる点にも生命との類似性を見出すことができる。また、この浮島は、結婚や離婚などの人生のイベントの結果として、時に切り離されて1つの浮島が2つに分かれることもあるが、これは単細胞生物の無性生殖（分裂）になぞらえることもできるだろう。さらに、様々な事情で居住者がいなくなった浮島は、やがて朽ちて次世代の葦を育てる土に戻っていく。浮島を彩るこのようなすべての現象に、筆者らは生命の営みにも似た持続可能性を見出している。

トトラという葦は、ウル族の生活に使われる万能で持続可能な素材であり、湖の周辺において簡単に入手できる。ウル族の人たちは、トトラを使って浮島だけでなく「バルサ」と呼ばれる船をつくって、漁業をおこない生計を立てている。その意味では、建築という「物質の流れ」のみならず、住民たちの収入という「エネルギーの流れ」にもトトラは関わっており、コミュニティにおける生活全体が持続可能な循環系に組み込まれた水上のまちといえるだろう。

図4：浮島、住居、人がそれぞれの時間軸で代謝する

04 | 詩仙堂
1641年｜日本・京都｜石川丈山

代謝産物を排出するアクティビティが
プログラムされた建築

詩仙堂の美しさは、決して怠ることのない庭師の「手入れ」がつくりだしている。四季が移り変わっていく中で、ダイナミックにバランスを維持し続けるための庭師のアクティビティを、「六忽銘」という形で明示的にプログラムすることで、毛髪サイクルが生命システムの美しさ、きれいさを維持するように、400年近くにわたって詩仙堂というシステムは持続されている。

人間の頭には、およそ10万本の毛髪が生えており、これらの毛髪は1日に50-100本が自然と生え変わっている。この生え変わりは、頭を保護する機能を維持するとともに、重金属などの不要な物質を体外に排出する役割をになっている。もちろん、このような生理的脱毛は、生命としての人間の自然なメカニズムであるが、より良い毛髪サイクルの維持に身体の内外からの頭皮ケアもまた、重要な役割を担っている。

　本章の事例として取り上げる「緑の中のスタジオ」[事例08]と同様に、詩仙堂もまた「自然（植物や動物など）」とともにある建築であるが、決定的に違うことは、これを修繕し続けているのが「自然の営み」ではなく、「庭師の毎日の手入れ」であるということにある。そして、毎日の修繕が維持する秩序によってつくりだされているのは、庭と一体となったこの建築の「美しさ」である[図1]。

「六忽銘」──庭園のDNA

　詩仙堂の座敷に座ると、その眺望は庭で占められることになる。手前の方丈庭園も、その先の庭も、庭師が維持し続けることで初めて成立するシステムである。庭師による「手入れ」をシステムの境界を決定する要因とするならば、小有洞から背景の山までが詩仙堂というシステムに包含されることになる。そこに用いられている構成要素は、樹木であり、水であり、砂であり、すべて「自然」のものであるが、それを維持する仕組みは非常に「人工」的な営みである。もちろん、庭師は木々や砂など自然のもつ特性を十分に踏まえて「修繕」を行っているが、そこに維持されている秩序は、ここをつくった石川丈山の美意識で

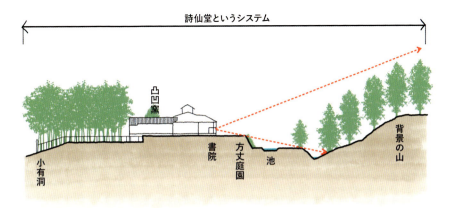

図1：詩仙堂というシステム

ある。

　詩仙堂は、石川丈山が59歳の時に落成し、その後90歳で没するまでの約30年間、丈山はここで隠棲生活を送った。詩仙堂での生活を送る中で、丈山は「六勿銘」と呼ばれる日常生活の決まりを記している[図2]。

　「六勿銘」
　火を粗末に取り扱うな
　盗賊を防ぐことを忘れるな
　朝早く起きることを厭うな
　粗食を厭うな
　倹約と勤勉を変えてはならぬ
　掃除を怠るな

　詩仙堂にとって、この「六勿銘」こそがDNAと言えるだろう。このDNAに導かれながら、この詩仙堂という建築空間において生命に学ぶシステムが「代謝産物（老廃物）の排出」である。外部から持続的に物質を取り込み、生命活動に必要な物質やエネルギーを生成していくためには、同時に代謝によって生じた不要な老廃物を体外に排出することが必要となる。庭師がおこなっている日々の作業は、まさにこの「きれいにする＝代謝産物の排出」なのである[図3]。まさに、丈山の言う「掃除を怠るな」である。実際、詩仙堂においては、

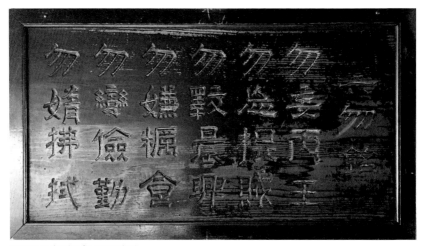

図2：詩仙堂に掲げられた六勿銘

現在においても、掃除は毎日の日課として欠かすことなくおこなわれているそうである。このことは現代の造園家の立場からも指摘されており、中村・尼崎(2001)は、「庭園は作庭が四分で、維持管理が六分である」という庭師の間では語り継がれてきている格言にその真意が如実に示されていると述べている。樹木を剪定したり、砂紋を描くなどをすることで、美しさそのものをつくりだすことも庭師の仕事に違いないが、落ち葉や枯れ枝などを集め、それらを排出することで回遊路、池、水路など庭の隅から隅までによい流れをつくりだすことこそが、彼らの役割である。

また、今江(2010)は、文化財庭園が直面する脆弱性の最初の項目として、「環境」を取り上げている。自然の樹木と庭園の違いとして、「自然の樹木が自律的な新陳代謝により全体として動的なバランスを維持している」のに対して、「庭園では強い木が弱い木を淘汰するなどを生じさせることなく樹林が共生する必要があり、人の手によってその秩序が維持されている」と指摘している。

維持され続ける同一性

庭園の秩序を維持するために大切なもうひとつの視点は、オリジナルの姿を保存することにある。文化財庭園保存技術者協議会は、会則に定める技術として、❶地割り管理

図3：庭師による手入れ

技術及び発掘庭園修復技術、❷石組み管理技術、❸水処理管理技術、❹植栽管理技術、❺庭園構造物管理技術、❻庭園石造物管理技術、❼小仕事技術を挙げている。

このうち、❸水処理管理技術、❹植栽管理技術、❺庭園構造物管理技術、❼小仕事技術は、主として動的なバランスの中での秩序の維持に関わる技術であるが、❶地割り管理技術及び発掘庭園修復技術、❷石組み管理技術、❻庭園石造物管理技術は、庭石の配置作業のように、主としてオリジナルの姿を保存するための技術であると言えるだろう。これら2つの側面を持った技術を組み合わせることで初めて、ダイナミックな自然環境の中で庭園の具体的造形を日々維持することが可能になるのである。

詩仙堂を訪れたときに感じられる凛とした美しさと心地よいほどのバランスは、このDNAに導かれながら、生命システムとしての境界をどこに設定し、「代謝の流れ」をどのようにつくりだすのか、ということに心を砕いてつくりあげた建築であることが感じられるからではないだろうか[図4]。

作庭家でもある石川丈山が自らの長きにわたる隠遁生活のためにつくりだした詩仙堂は、庭を修繕し続けることを自らの残りの人生そのものと一致させる建築であり、「修繕」を中心に据えたシステムなのである。

参考文献
河野輝夫、竹島卓一、牧野正巳、山本勝「詩仙堂に就いて」『建築雑誌』39 (476)、p.85-101、1925
中村一、尼崎博正『風景をつくる――現代の造園と伝統的日本庭園』昭和堂、2001
今江秀史「京都市内の文化財庭園における脆弱性の検証」『歴史都市文化防災論文集』vol.4, p.45-52、2010

図4：庭と一体となった詩仙堂

05 | ストックホルム市立図書館
1928年 | スウェーデン・ストックホルム | エリック・グンナール・アスプルンド

ダイナミックなバランスの中に生じる本のゆらぎがつくりだす空間

図書館というシステムにおいて、「維持しようとする」図書館分類法と司書のアクティビティは、その秩序を「壊そうとする」市民の知的好奇心との間でダイナミックにバランスしている。このバランスの中に生じるゆらぎこそが図書館建築の本質である。脳内神経細胞の動的平衡の働きが、魅力的な「人となり」をつくりだしているように、ストックホルム市立図書館に世界にひとつだけの魅力を与えている。

記憶は脳内に固定的に蓄積されていると考えがちであるが、最新の脳科学・心理学の知見から、私たちの記憶は蓄えられたあとも、脆弱化と再固定化を繰り返す動的なプロセスによって質的に変化し続けることが明らかになってきている。すなわち、自分が自分であるという意識を支える記憶は、脳内の神経細胞の〈動的平衡〉によって支えられているのである。利用頻度の高い記憶や、情動反応と強く結びついた記憶は、強く固定化され、利用頻度が少ない記憶や、情動を伴わない記憶は、次第に脆弱化する。私たち人間が自分であり続けることは、自分自身を利用し続ける営みに支えられている。

北欧の名建築

　E. G. アスプルンドの設計により、1928年につくられたストックホルム市立図書館が、80年以上経った今もその魅力を失わずにいるのは、「本を読みたい」という知的好奇心に動機づけられ、この図書館を利用し続ける市民の営みがあるからである［図1］。大閲覧室空間の壁面を埋め尽くす本は、ここを利用する多くの市民によって常に位置を変えられる。また長い年月の中で、「知識」そのものが更新されるとともに、人々の知的好奇心が向かう先もまた変化していく。市民の「利用頻度」という圧力を受けて、古くなった本は取り除かれ、新たな本が加えられていく。ここに、この空間の〈動的平衡〉が生み出され、持続する図書館としての魅力を創り出しているのである。

　利用頻度に従う図書館というシステムの動的な「修繕」は、決してランダムに生じるのではなく、図書館というシステムにとってのDNAである「図書分類法」に従いながら更新されていく。図書分類法という不変で明確なルールと、知的好奇心の赴くままに本を取り出

図1：ストックホルム図書館

図2：円柱状の閲覧空間

しては戻していく市民たち。その営みに生じる予測不能な自然なゆらぎが、静謐で厳かだが、その底流に活力を感じさせる空間を生み出している。このダイナミックに持続される情報の流れの秩序に着目し、ストックホルム市立図書館を〈動的平衡〉の視点からの「生命に学ぶ建築」の事例として取り上げる。

強く結びつく「システム」と「空間」

この図書館の中心にある巨大な円柱状の閲覧室空間の壁面には、開架式の書架がぐるりと並べられ、そこは無数の本で埋め尽くされている。ここに佇んでみればわかることであるが、目に飛び込んでくるもののほとんどは本の背表紙であり、この空間は「紙」が放つ芳香で満たされている。床、壁、天井などの建築要素だけでなく、書架も、そして本も、図書館というシステムを構成する要素なのである。

> 『秩序』は守られるために、絶え間なく壊されなければならない
> ――福岡伸一『生物と無生物のあいだ』

長い時間軸の中で図書館という秩序が守られるためには、図書館司書が整理した本を壊す市民の強い知的好奇心こそが必要なのである。ここに生じる〈動的平衡〉の仕組みよって、図書館というシステムは構成され、持続しているのである。誰かが本を手に取り、

それを戻す。また違う誰かが、本を探し出し、それを手に取る。このように繰り返される営みと、図書分類法に従う本の並びの「修繕」がつくるゆらぎこそが、図書館の価値である「新しい本との偶然の出会い（セレンディピティ）」を支える仕組みに他ならないからである［図2］。もし、いつ図書館に行っても、同じ本が同じ位置に置かれているのだとしたら、図書館という建築空間の意義は失われてしまうかもしれない。そのような空間は「死んでいる」も同然であり、利用者の知的好奇心を受け止めてくれる生き生きとした建築ではないからである。

　近代日本の公立図書館は、書籍の収容量や利用可能者数など、ある一面的な計量可能な指標の効率性のみで計画の優劣が判断されがちである。しかし、そうした面と表裏一体となって、システムに合致した空間をつくることが非常に重要であることを、この建築は教えてくれている。このことが結果的に、持続させるエネルギーを生み出し、図書館に活力を与えるのだ（円筒形の主空間の下階には書架が、また円筒を囲うようにコの字形の機能空間が設けられており、機能と空間性のバランスが図られている）。ストックホルム市立図書館は、この生命の根幹を為す性質を空間構成と見事に一致させたことで、80年のときを経てもなお、新鮮な感動を与えてくれる。〈動的平衡〉を実現するためには、図書館建築という静的なハコに加えて、本を通じた司書と利用者のやり取りを包含したダイナミックなシステムとして成立しなければならない。

参考文献
中村好文「意中の建築（その6）本の精霊に捧げられた神殿——ストックホルム市立図書館」『芸術新潮』53 (10)、p.116-121、2002
栗田仁「欧羅巴建築見聞記（第6回）ストックホルム市立図書館」『住宅建築』(415)、p.92-99、2009
福岡伸一『生物と無生物のあいだ』講談社現代新書、2007

06 中銀カプセルタワービル
1972年 | 日本・東京 | 黒川紀章

「入れ替え」を待ち続ける「代謝可能な」建築

「メタボリズム（代謝する建築）」は、建築に持続可能性を与えようとする非常に大胆な挑戦であった。中銀カプセルタワービルは「メタボリズム」の思想を象徴する建築であり、今もなお「代謝」されることを待ち続けている。

哲学者であり、数学者であるルネ・デカルトは、『方法叙説』で「機械論的生命観」を唱えた。デカルトによれば、われわれの身体は「機械」に過ぎないという。たとえば、肺は空気を出し入れする「ふいご」のようなものであり、心臓は血液を押し出す「ポンプ」であるというように。つまり、それまでの心身は不可分という考え方から、生命はさまざな部品が集まってできている精巧な機械であるという考え方へシフトしたのである。この考え方は現在でも生命観の主流であり、身体の部品が機能不全に陥れば臓器移植をして取り替える、といった現代の医療技術の発展のベースに位置づけられている。

そして、1952年のワトソン・クリックによるDNAの「二重らせん構造」の発見を契機として、この機械論的生命観は、ミクロレベルでも語られるようになった。1組のDNAは、互いにぴったりと組み合うような対構造となっており、DNAを1本ずつ分けても、それと対となっている側を複製することができる、すなわち、DNAには自分を複製するメカニズムが埋め込まれており、「生命とは自己複製する機械である」という考え方が確立した。

機械論的生命観と〈動的平衡〉は、「入れ替える」「複製する」というコンセプトレベルの思想において共通している。そして、「入れ替える」＝代謝というコンセプトにフォーカスした建築が中銀カプセルタワービルである。一方で、〈動的平衡〉というプロセスは、その現象を生み出している「流れ」にこそ本質がある。中銀カプセルタワービルは40年以上前に確かに機械論的生命観に到達していた。しかし、〈動的平衡〉の実現には早過ぎる挑戦であったのかもしれない。

「代謝」を待ち続ける「代謝建築」

中銀カプセルタワービルは、1960年に提唱された、建築思想「メタボリズム」を具現化しようと、黒川紀章が設計した「代謝する建築」である。中央にある垂直シャフトの外側に、プレファブ化された立体ユニットのカプセルが取り付けられる構成をとっている。その過激な様相から、発表から現在に至るまで、注目され続けてきた建築であるが、デザインはこの建築を表す一面でしかなく、黒川は都市のシステムモデルの一部として構想していた。

この建築は、郊外に住居をもつ人々にとっての都市のデン（書斎）や地方都市に本社を持つ企業の宿泊施設など、黒川の言う「ホモ・モーベンス」すなわち自由に都会を動き回る「動民」のための最小限居住として計画された。個々の都市居住者の生活単位であるカプセル空間は、設計当時の最先端の技術（主に設備システムに関する仕組み）をベースとして、自由に組み合わせて、自在に取り付けられるシステムとして提案されている。実際、シャフトに実る142個のカプセルは工場でつくられ、現場に運ばれて取り付けられた。

しかし、実際にこのカプセルが取り換えられた実績はこれまでにない（2018年現在）。そ

図1：カプセル取り付け前のシャフトから突き出たブラケット

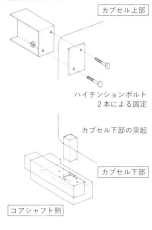

図2：カプセル取り付けジョイントのディテール

の理由として、交換可能なカプセルというコンセプトを掲げていたにもかかわらず、実際には任意のカプセルを取り外し、容易に交換可能な構造になっていなかったことが挙げられる。具体的には、建設当時、カプセルの取り付けは下から順に行われた。ジョイントの固定に、カプセルを吊ったまま傾け、下部のカプセルの突起部分を下のブラケット内に入れ込み上部をボルトで固定するという工程が、一番合理的な方法であることから採用されたようである[図1-2]。だが、上下に固定されたカプセルがあるまま任意のカプセルを交換しようとすると、まずクレーンなどによるカプセルの吊り上げが困難になり、また下部のブラケットからカプセルを外そうとすると、カプセル上下の隙間が小さいため作業が難しく、結果的には任意のカプセルを容易に交換できる構造になっていなかったのである[★1]。

　黒川の構想では、このカプセルをモジュールとすることで生活・レジャー・産業まで、さまざまなシステムの広がりが描かれているが、実際には技術や施工条件などの制約から十分な交換性を確保できなかったのであろう。

　こうした構想と現実のデザインのギャップは、設備計画にも見られる。この建築では配管をひとつのラックに組み込み、現場に搬入し取り付ける工法が採用された。中銀カプセルタワービルでは、カプセルの隙間の狭い場所に、配管ユニットとして設備用のラック

が設置された［図3］。しかし、このラックは、コア・シャフトにカプセルより先に取り付けられており、ラックだけを取り外すことが困難な仕組みになっていた。したがって、配管部分だけを取り外して、メンテナンスや交換・修繕ができない構造になっているのである［図4］。

メタボリズムと生命に学ぶ建築の境界

　黒川自身は、1994年に執筆した原稿「機械の時代から生命の時代へ」で機械と生命体の違いに触れ、「建築は住むための機械」といったモダニズムにおける主流の考えとは異なる生命の原理に従おうとする自身のスタンスを明確に述べている。

　しかし、中銀カプセルタワービルに見え隠れする構想は機械ではないものの「機械論的生命観」であり、〈動的平衡〉の建築とは異なるものである。「ユニット化されたパーツを交換する」ことを設計するだけでは、生命のような持続可能な建築システムを実現することはできないし、さらに中銀カプセルタワービルでは、実際の仕組みとしてそれすらも実現できていなかったのである。

　〈動的平衡〉の観点に立つならば、デザインすべきは「ユニット化されたパーツを交換する流れ」なのである。現実に当てはめて考えるならば、ユニットの容易な交換システム、

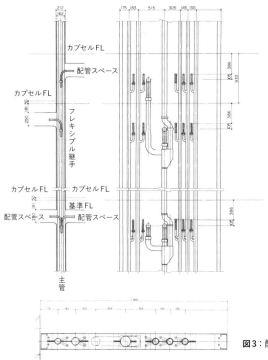

図3：配管スペース、配管ユニット

ユニットの生産・流通システムやそれを支える産業、ユニットを交換しているときの居住者の生活の安全性や快適性を維持するための仕組み、土地、垂直シャフト、ユニットなどの所有と管理に関わる法律やビジネスなど、が「流れ」に当たるだろう。

科学技術の進展とともに、生命の見方、捉え方も変わり続けている。黒川の「代謝する建築」はその変化の途上にあって、未来を見据えた建築であったといえるだろう。

ただ1つ幸いなことは、中銀カプセルタワービルは現存している。取り壊しの議論も常にあるが、保存しようとする動きが高まっていることも事実である。もし、中銀カプセルタワービルを残したいと考えるなら、「保存」しようとするのではなく、そこに現代の状況にあった新しい「流れ」を与えてみることが生命に学ぶ建築からのアプローチである。そのような方法を採用したならば、もしかしたら、100年後には黒川が設計した建築とは違う「中銀カプセルタワービル」になってしまっているかもしれない。そうであっても、システムとしての持続可能性を獲得できるのが〈動的平衡〉の仕組み、すなわち「流れ」を取り入れた生命に学ぶ建築システムなのである。

★1──そのため、黒川自身も修繕計画案では一部、または全部のカプセルの取り外しによる修繕案を提案している（黒川紀章「週刊新潮（9月8日号）の掲載記事に対する声明」『日刊建設工業新聞』2005.9.16）

参考文献
ルネ・デカルト（著）／谷川多佳子（訳）『方法叙説』岩波書店、1997
中銀カプセルタワービル保存・再生プロジェクト『中銀カプセルタワービル──銀座の白い箱舟』青月社、2015
黒川紀章『都市デザインの思想と手法』黒川紀章、彰国社、1996
日高仁「中銀カプセルタワービル」UIA 2011 TOKYO資料、2011

図4：中銀カプセルタワービル建設映像

07 | プラグイン・シティ
1964-66年 | — | ピーター・クック（アーキグラム）

時代に先駆けた
持続可能な都市構想

交換可能なカプセルによる持続可能な都市構想は、都市問題が大きな社会的課題となった時代背景の中で生み出された。〈動的平衡〉によって細胞が入れ替わるように、カプセルを交換しながら持続する都市システムは、未来都市のひとつの姿を表している。

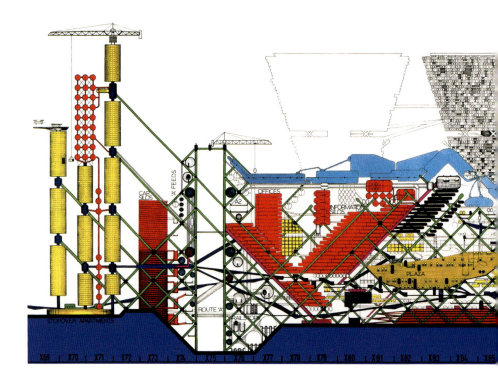

プラグイン・シティとは、1960年代イギリスで組織された前衛建築家集団アーキグラムのメンバーであるピーター・クックにより提案された未来都市の構想である。プラグイン・シティと名付けられた構想においてクックは、「交換可能」という建築、都市の新たなコンセプトを提案している。この都市構想において「建築」を支えているのは、大地ではなくメガストラクチャーである。都市の基盤としての巨大なフレームワークの中に、標準化されたカプセルが装着（プラグイン）されることで人々の生活のための空間がつくりだされる。すなわち、プラグイン・シティにおいて建築は、大地に建てられる建造物ではなく、モジュール化された「交換可能」なカプセルなのである。都市のフレームワークには、居住のためのユニットだけでなく、業務、商業、公共サービス、交通などの都市に必要な機能がモジュール化されて組み込まれるとともに、クレーン、チューブシステムなどのインフラストラクチャーも整備され、一体となった都市システムを構成する［図1］。

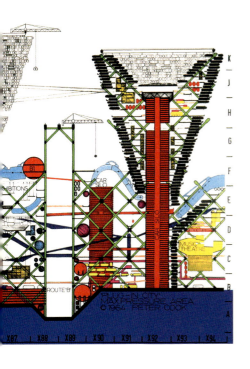

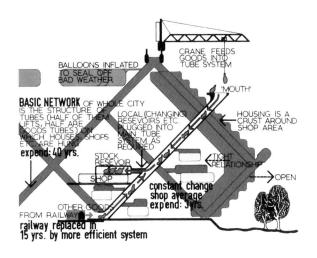

図1：プラグイン・シティのインフラストラクチャー

ソフトウェアから建築の在り方を考える

　クックは、ハードウェアとしてのカプセルは、時間の経過とともに機能の低下・喪失が生じることをあらかじめ想定していた。そこで、ハードウェアの老朽化によってシステムの秩序が失われる前に、モジュール化されたカプセルを簡単に取り外し、新しいカプセルに取り替える仕組みをデザインしている。

　まさに、〈動的平衡〉の基本コンセプトのひとつである「入れ替え」を具現化したシステムがここに提案されている。

　カプセルを同一のモジュールによってデザインするだけでなく、メガストラクチャーにカプセル交換用のクレーンを常時備え付けておくなど、日常的なユニットの交換がプログラムされている。クックがこのような未来都市構想を考えた背景には、技術・工業が著しく進展し、工場による大量生産が可能となった時代においては、クラフトマンシップではなく、クオリティの均質性にこそ価値が見いだされるという思想があったのだろう。この構想は建築家や職人が感性や熟練の技術などを発揮して一つひとつのプロジェクトに取り組んでいたのでは追いつけないスピードで需要が湧き上がってくる社会において、建築・都市をつくり、維持していくことを目指したときに生み出されたモデルなのである。老朽化して使えなくなったカプセル、修理しなければならないカプセルなどが放置されることなく、自律的に更新されていく仕組みこそが、クックが思い描いた「持続可能性」である。

プラグイン・シティ再考――均質化の先へ

　生命システムにおける交換ではバランスを維持することに重点が置かれている。物質／エネルギー／情報がゆらぎをもって流れている中で、古くなったものと新しいものとがダイナミックに交換されてシステムのバランスが維持される。全体は、決して部分に分けることはできないという生命の本質が、必然的にダイナミックなバランスを取りながら交換する仕組みを要求しており、これこそが〈動的平衡〉の本質なのである。

　クックの構想では交換可能性を高めるために極限まで均質化されたカプセルが想定されている。彼はさらに、持続可能性の実現に向けて、ハードウェアだけでなくソフトウェアの重要性にも言及しており、まさに時代の先端にある思想を具体的な都市のイメージとして可視化している。もちろん、コンピューター・サイエンスや計算科学がまだまだ未発達な時代における構想であり、ダイナミックにバランスを取りながら機能を更新していくプログラムについては十分に具体化されてはいない。

　プラグイン・シティからの50年あまりの年月で、生命・技術・社会などに対する認識や考え方は大きく変化している。もし、今このときに、アーキグラムのメンバーが現在の生命観や技術をベースとしてプラグイン・シティを再考したならば、きっと真の持続可能性へと近づく都市システムを提案してくれるに違いないだろう。

参考文献
中村敏男「アーキグラムのカプセル（特集：カプセル概念の拡張）」『SD』(52)、p.56-60
Aldersey-Williams, H. Towards biomimetic architecture. Nature Materials, 3(5), 277-279. 2004.
Karakiewicz, J. The city and megastructure. Future Forms and Design for Sustainable Cities, 2004.

08 | 緑の中のスタジオ
2009年｜スペイン｜セルガスカーノ建築事務所

母なる森と共に生きる建築

この建築を取り囲む木々は、光合成や着花・着果、落葉など物理的・化学的な営みを通じて、森の中でさまざまな物質を循環させている。緑の中のスタジオは、この循環の流れの中にシステムを委ねることで、多数の腸内細菌との共生が私たちの健康に不可欠なように、森との共生を通じてそこで過ごす人々のこころと身体の健康を育む環境を持続的に提供している。

生命とは、独立した1つのシステムとして孤立して成立することはできないシステムなのである。森のような巨大な生態系を考えるまでもなく、私たち一人ひとりがまさに一人では生きられないシステムなのである。たとえば、ヒトの腸には100兆個以上の腸内細菌が生息し、腸内フローラを形成している。この腸内フローラの機能が損なわれれば、私たちは不調を感じ、ひどいときには病気になってしまうことさえある。「私」という生命を修繕し続ける営みは、決して「私」だけでおこなっているわけではないのである。生命とは自らが制御できないものとのバランスと共生の上に成立し、持続するものである。

他律的な「森の中の小さなオフィス」

　緑の中のスタジオは、スペイン・マドリードの近くに位置する、小さなオフィスである。この建築は、「生態系という自然のシステムの内部に建築システムを挿入する」ことでつくられている、自然の持続性を借りて、建築の持続性を獲得している建築といえよう[図1]。

　この建築に限らず、「自然を活かす」をコンセプトとする建築は無数に存在する。借景として外側に自然を利用するもの、建築の内部に自然を取り込んだもの、複雑に絡み合い木と建築の境界が曖昧に交わるものなどさまざまだ。しかし、われわれはこのすべてを空

図1：森がつくり出す環境を受け入れる

図2：森と建築の関係

間生命化とは捉えない。単に「自然を活かす」建築の多くは高度に自律的で、木が枯れてしまうなど、対象とする自然が損なわれてしまったとしても、建築は建築として存在し、その建築が成立しなくなることはないだろう。

　これに対して、緑の中のスタジオは他律的建築といえる。もし「森」という生態系が損なわれてしまったら、この建築そのものもそのままでは存在できなくなるだろう。この建

築は、森という豊かな生態系を構成する、さまざまな生き物の生命活動が織りなす持続性の上にのみ成立し得る、生命に学んだシステムなのである。

森が建築にもたらしてくれるもの

　この森がスタジオにもたらすものは、持続的なエネルギーの流れである。半地下のオフィス空間にそそぎこむ光や熱、風などは、〈動的平衡〉を維持する森の状態によって規定される[図2]。近代的なオフィス建築であれば、これらは照明、断熱、空調などの設備で調整されるものであるが、この建築では「森」がそれを代替する。機械設備によって制御される空間とは異なり、その環境は一日の陽の動きや天候、季節によって規定されるため、不安定なものである。だが、長い目で見たとき、自然環境に即した執務環境が、そこで働く人々の心身を健やかに保つのに一役買ってくれている。

　森がもたらす環境は本当に快適なのだろうか？　それは、いくつかの既往研究を見ると、その利点は明らかになる。大石ら(1995)は、森林内と草地との環境の違いを温熱指標によって評価する研究を行っている。岩手県内にある森林で実施した調査研究から、夏期には森林内の気温が草地に比較して2℃ほど低く、逆に冬期には2℃ほど高くなるとしている。また、久野ら(2001)の研究では、林の中の夏期の気温が林外の草地と比較して3-4℃低いことを示している。光環境に関しては、高山ら(2005)が、都市と森林の光環境を比較し、7月の13-14時における千葉市JR千葉駅周辺での屋外の平均的な照度は5000lxを超えているのに対して、同時刻の君津市の森林内での平均的な照度は2300lx程度となるそうだ。緑の中のスタジオではブラインドなどがなく、天井部分まで回り込んだガラス窓から光を取り入れる設計となっており、森林による光環境の緩和効果がオフィスとしての利用に不可欠であると考える[図3]。

　そして、森の主役である木々たちも、移りゆく季節の中で「芽吹き、葉が育ち、実をつけ、やがて葉を落とす……」というサイクルを通じて、自らを構成している物質的な要素を入れ替えながらシステムの持続可能性を確保している。森の木々が物質を入れ替えていくことが、森という生態系全体に、物質／エネルギー／情報の流れをつくりだしているのである。このような年単位のサイクルだけでなく、光合成のような日単位でおこなわれている入れ替えサイクルも、スタジオ内にフレッシュな空気をもたらすことも忘れてはならない[★1]。

流れの中に身を置いてみる

　この建築からは、「森」という自然のシステムに対する畏敬の念と、このシステムよる修繕に対する心からの信頼が強く感じられる。そのような観点でこの建築はまさに〈動的平衡〉を実現した好事例であると考える。

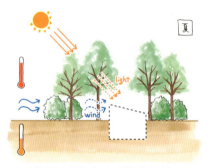 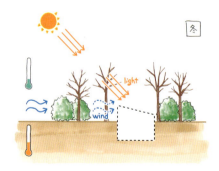

図3：移りゆく季節がつくる環境（夏・冬）

　筆者らは、「生命に学ぶ建築」というコンセプトを通じて、「環境と人間の関係性」のデザインについて考えようとしている。これからの建築空間は、自然を蔑ろにすることなく環境と共生しながら、より豊かな生活を創造していくことが求められていくと考える。そのような未来において、緑の中のスタジオがつくりだす美しく、賢い関係性は、これからの建築のあり方の道しるべとなるだろう。

　この、小さくも希望にあふれた建築は、設計者であるセルガスカーノ建築事務所の自社オフィスとして利用している。設計者自身が、このように生命に学ぶ建築をデザインの場として使うことで、彼らの心と身体にどのような変化が起きて、そこから生み出される建築が今までとどのように異なってくるのか、その答えが明らかになっていくことを筆者らは心待ちにしている。なぜなら、それは「生命に学ぶ建築」の意義を、わかりやすく、見える形で社会に示すことができる、非常に重要なエビデンスであるからだ。

★1——この条件があらゆる地域の「森」に等しく言えるものではないことには注意したい。温暖湿潤の日本では、湿度が、環境的にも建材寿命的にもネックになる。地中海性気候域でさらに内陸側である、一年を通して乾燥気味の地域だからこそ、この建築が成立するのであろう。

参考文献
『a+u』2009年6月号、エー・アンド・ユー、2009
大石康彦、田口春孝、村井宏「ヒトの活動環境としての森林環境の温熱指標による評価」『森林立地』36（2）、p.1-14、1995
久野春子、新井一司、細木大輔、深田健二「都市近郊林の林床管理の有無による植生と環境の特徴 その2：林床の光、気温、地温および土壌条件の特徴」『日本緑化工学会誌』27（1）、p.20-25、2001
高山範理、香川隆英、綛谷珠美、朴範鎭、恒次祐子、大石康彦「森林浴における光／温熱環境の快適性に関する研究」『ランドスケープ研究（日本造園学会誌）』68（5）、p.819-824、2005

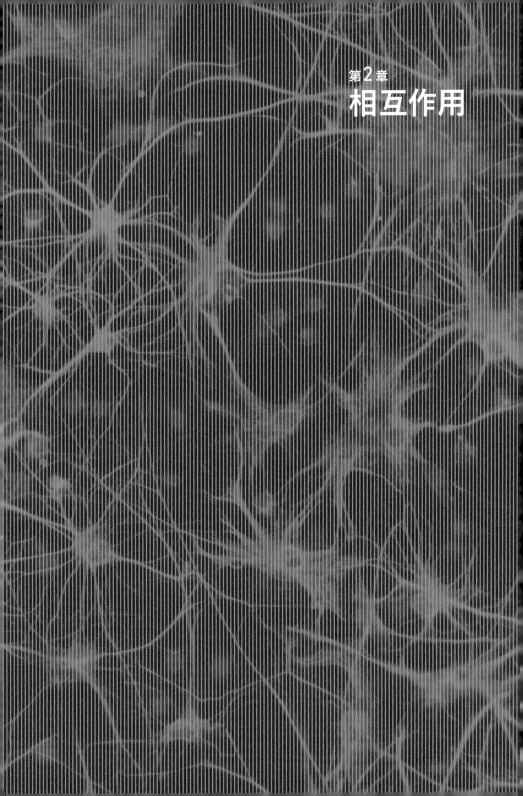

うつろいゆく環境と需要

　建築・都市を取り巻く環境は、刻々と変化する。地球の自転により昼夜が生まれ、その変化に応じて、太陽から供給される光と熱は変動する。地球の公転と地軸の傾きにより、太陽との距離は1年を通して変わり続け、エネルギー供給の変動が起こり四季をつくり出す。これに地球上の海陸の分布や地形が呼応して気候も生まれる建築・都市の中の利用者もまた、需要の変化に合わせて移動する。近年においては、情報技術の発達もこのような需要の変化を促進している。いつでもどこでも個別のインフラを必要とせずに情報サービスへの接続が可能となったことで、特定の場所と活動との結びつきは弱まり、場所のフレキシブルな活用の需要が高まっている。

　このように、利用者の需要は外部環境や利用者の置かれた状況によって変化するものであるが、既存の人工環境はごくわずかな事例を除いて、このような変化への対応をプログラムとしてもっていない。計画の中では需要の変化に対応する自由度の幅は考慮されるものの、実際の竣工後の需要の変化への対応は利用者側、および一部の設備（調光や温度調節など）に委ねられていた。

相互作用をもって適応する

　生命と人工環境を分かつのは、上記のような状況の変化に対して、内部と外部との〈相互作用〉によって適応し、機能を持続するメカニズムの有無である。生命システムは、内部と外部のバランスを調整する特徴により、システムを大幅に変更することなく、短期的な変化に適応することを可能としている。一般的にこれはホメオスタシス（恒常性維持）と呼ばれる。

　地球上の生物を構成する最小単位は細胞であり、細胞の最大の役割は内部と外部を隔てる膜を介して物質／エネルギー／情報の交換を行ってバランスを調整することにある。もっとも原始的なバクテリアであっても、外部から栄養分子を取り入れて身体を再生産する代謝の機構をもっている。さらに、化学的な濃度勾配の変化を検知し、鞭毛によって移動を行い、毒性物質を避けたり栄養分子の濃度の大きい方に向かって動いたりする。また単細胞生物でも、ウィルス感染を防御する酵素による原始的な免疫機構を持っているものがいる。このような認知／行動／代謝／免疫といった、ホメオスタシスのための機構は、多細胞生物などより複雑な生物においてはより高度化した形で見られるが、生命の起源に近い単純な生物においてもすでにその萌芽が見られる。

　このように、内部と外部との〈相互作用〉は、生命がその機能を持続させる上で、本質的な役割を果たしている。

　本章では、人工環境の事例として、上記のような生物で見られる認知／行動／代謝／

免疫といった〈相互作用〉に類する振る舞いに着目し、人工環境としての機能維持、すなわちホメオスタシスを実現している事例を取り上げる。生命の場合と同様、人工環境が〈相互作用〉する対象は、外部の環境もあれば、内部の状態——多くの場合には利用者の状態——の2種類がある。

伝統に学び、ハイテクで切り拓く

　本章で紹介する中には、〈相互作用〉という主題から想像されるように、各種のセンサーや駆動装置などのテクノロジーを用いた事例も多々ある。一方、それらを用いない伝統的な設計の中にも、上述のような〈相互作用〉を見出しうる事例が存在する。たとえば、藤井厚二の自邸である「聴竹居」は、床下と屋根裏をつなぐ通気口を通る風を用いて夏の屋内を冷却する機構や、夏と冬で日照をどれだけ取り入れるか計算された屋根の軒先の角度など、計画の工夫の多層化で季節の変化に適した居住性が実現されている。また、「名護市庁舎」は、花ブロックやアサギテラスを用いて、風の出入りと人の出入りを上手くデザインに取り入れた開放的な施設を実現している。高温多湿の東アジアの伝統的な建築の中には、これらのように内部と外部を分断せず、外部の環境のふるまいをうまく内部に取り入れる手法を見出すことができる。

　時代が下ると、上述のような計画における環境との〈相互作用〉を、マクロとミクロの双方向により拡張した、「NBF大崎ビル」のような事例もある。この例においては、マクロの視点では関東レベルのスケールでの空気の流れ、ミクロの視点ではファサードの材質による空冷機構を実現している。

　情報技術の発達した今日においては、利用者の振る舞いや環境の変化をセンシングし、機能の最適化を実現する事例が多数存在する。その中でも先端的な事例のひとつが、アメリカにおけるインテリジェント・サーモスタットの「Nest」である。居住者によるスムーズな温度設定や人感センサーを用いて利用者の状態を認識しつつ、エネルギー消費量と快適さのバランスを取るよう学習していくというもので、先端的なテクノロジーを用いた〈相互作用〉による環境デザインの事例として特に強調したい。その他にも、家を記録装置として、家族の成長過程や生体情報をモニタリングし、コミュニケーションおよびヘルスケアに活用するモデル住宅「iLog House」、同様にセンサー情報に基づき生活者に必要な気づきを提供する「Aware Home」、生体情報に基づく睡眠のリズムの認識および自然光の変化を模した照明コントロールにより快適な睡眠を実現する「寝室環境システム」などの事例も紹介する。

　最後に、生命の〈相互作用〉のひとつである免疫系のふるまいが、建築構造の健康管理に用いられた、「構造ヘルスモニタリングシステム」の事例を紹介する。

最初に述べたように、生命は機能および構造を持続させるために、内部と外部における物質／エネルギー／情報を交換する〈相互作用〉を行ってきた。伝統的な環境デザインにおいては、静的な計画の中で、環境の変化を吸収し生活者にとって快適な生活を実現することが試みられてきた。内部と外部における物質／エネルギーの交換によって、快適な環境を提供する自動制御などである。これらと本書での〈相互作用〉との相違点は、応答の複雑さとそれらの応答の中に、ユーザーとの相互作用（コミュニケーション）が含まれている点である。情報のやりとりと言ってもいい。これによって、単純な応答（1:1）ではなく、より複雑な応答（1:n）により、さまざまなパラメーターを考慮した応答が可能になる。また、それらの応答にユーザーが自覚的にシステムと対話することで、よりサスティナブルな選択肢をユーザーが選択することも可能であろう。

　今日の我々は、マクロの環境のふるまいやミクロの物質のふるまいを理解し、それらを制御し、さらに各種のセンサーや駆動装置と情報ネットワークを活用することができる。そのような手法を用いて、「Nest」において実現されているように、環境を一方的に利用者のニーズに合わせるのではなく、限られた資源を用いながらその両者を適切にバランスさせるような賢い環境デザインをつくり上げていかなければならない。

参考文献
大内東ほか『生命複雑系からの計算パラダイム——アントコロニー最適化法・DNAコンピューティング・免疫システム』森北出版、2003
園池公毅『光合成とはなにか——生命システムを支える力』講談社、2008

01 聴竹居
1928年｜日本・京都府｜藤井厚二

「設備」と居住者の
連鎖的な応答のネットワーク

藤井厚二は「聴竹居」の中で、環境調節する設備の細分化とそれらの巧みな配置から生み出される設備と居住者の連鎖的な応答のネットワークが、変動する環境との〈相互作用〉を担うことで、快適で健康な空間をつくり出している。

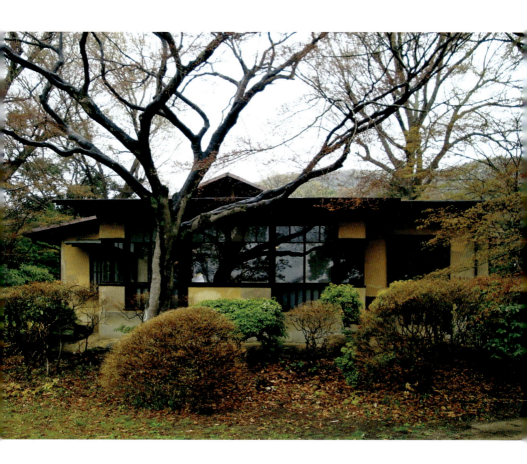

植物の葉は、降り注ぐ太陽光を最大限活用するため、表面側は強い光を受容しやすい柵状組織で、裏面側は光を拡散させて余すことなく受容するための海綿状組織でそれぞれ構成されている。植物が呼吸するための気孔は、環境の安定した裏面側に配置されている。この気孔は、光受容体としての葉緑体からの指令に従って制御されている。気孔からの蒸散は、光合成に必要な水分を根から汲み上げるための力となっている。このように植物と環境との〈相互作用〉とは、「葉緑体が光合成をして、気孔が呼吸をしている」ようにそれぞれが個別に役割を担っているのではない。植物と環境との〈相互作用〉は、光、水分、熱などの環境の変動に対して、複数の組織が連鎖的に応答するネットワークにより統合的に実現されるシステムである。

ネットワーク化されたプリミティブな仕掛け

　「聴竹居」は1928年に藤井厚二の自邸として建設された実験住宅である。藤井は生涯で5回に渡って自邸をつくった。このいずれもが実験住宅であり、試行錯誤を行った。その第5回目の実験住宅こそ「聴竹居」でありいわば「聴竹居」は藤井の研究の集大成というべき住宅である。

　藤井の著書『日本の住宅』の5つの章立て、「和風住宅と洋風住宅」「気候」「設備」「夏の設備」「趣味」からも読み取れるように、藤井は建築が毎年遭遇する最も厳しい外界条件を「夏」と設定した。藤井の「結論」と位置付けられた聴竹居での〈相互作用〉の代表的な設備は、「床下通風口」に現れる。外部との接点にあたる床下通風窓は、数・配置・方位といったパラメータのスタディにより決められた。伊藤らの聴竹居に至る第1回実験住宅からの平面計画の変遷の分析では、通風到達率は第3回住宅で高い値を示した後、徐々に低下していることから、単に風を確保するだけではなく、生活するのに適度な風量の調整が試みられていることが推察される[★1]。

　また表に示すように、藤井は環境の調整方法を細分化し、それらを複数の装置に割り当てている[表1]。縁側の開放的なガラス窓から取り込まれる光は室内に心地よい明るさをもたらすと同時に、居間の温熱環境を変化させる。聴竹居という建築システムにおける温熱受容体としての居住者は、自らの体感温度に従い床下通風窓などを思い思いに調整し、選択的に温熱環境を調整することで快適で健康的な環境をつくりだせるようになっている。このように聴竹居における室内環境の変化とその調整については、居住者と設備が連鎖的に応答するネットワーク化されたシステムとして機能するようにデザインされている。

　もちろん一般的な窓もまた、環境を調節する設備である。しかし、窓は外周部に位置しており、たとえば、居室の室内に通風をもたらしたいとしても、この窓が環境調節の機

能を一手に引き受けてしまうような構成では、設備と居住者の連鎖的な応答のネットワークを上手につくりだすことができない。また窓を開放したとしても、集合住宅をはじめとする片面採光の効率を重視した住居配置では、風の出口が設計されていないなどの理由により通風が確保できない場合が多く、各室にエアコンを1:1で設置するといった、ネットワーク化されていないシステムでの解決となっている。その結果、現在の日本では環境調節の役割をエアコンなどの機械設備が大きく担うことになってしまっている。サスティナブルな建築をつくるためには、植物が、そして聴竹居が実現しているように、小さな応答を上手に連鎖させることで、ダイナミックな変動に適応できる〈相互作用〉を少ないエネルギーで実現させることが必要であると考える。

表1：藤井が考案・採用した室内環境調整のための設備

対象部位等	「設備」：装置・工夫	ねらい・効果
平面	南北2列に部屋配置	日射日照調整
	家具の寒暖変化に対応した移動	日射日照調整
	縁側の設置	日射日照調整
	肺胞性・居間中心・可動間仕切・欄間	気流の生起・促進
	主風向の考慮と平面計画	気流の生起・促進
壁	小舞壁・煉瓦壁が良好	遮熱
	壁内中空層を小区分	断熱
	壁内中空層に外気を流通させる	冷却
床下	床下通風・換気口	湿気除去
	換気筒 土台下空気取り入れ	冷却（防犯）
	室内換気筒・換気口	冷却（防犯）
	土中換気筒	冷却（保温）
屋根	瓦屋根・（柿葺）	遮熱
	屋根裏の利用・妻面の換気	冷却
	（冬季閉鎖：暖気の保護）	保温
	ひさしの設置・深い軒	日照調整・雨仕舞
気象条件	建物周囲の気温分布の考慮	冷却・換気
	気流分布の考慮	冷却・換気
	床下・屋根裏の温度差の利用	冷却・換気
	夏季午後4時以後の外気取り入れ	冷却・換気
窓・開口	引き違い窓	換気
	ガラスと紙障子の二重窓	防賊風・保温
	紙障子の敷光性	採光

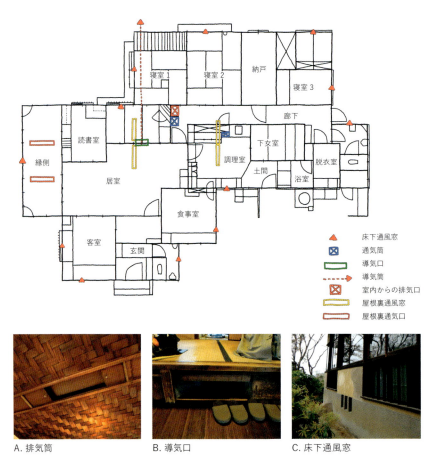

図1：聴竹居における設備配置図と写真

A. 排気筒　　B. 導気口　　C. 床下通風窓

小さなシステムを集める

　藤井は建物配置、平面・断面、設備、インテリアの枠を超え、そのすべてを設計し、小さな応答を巧みに連鎖させた。その結果、空間を構成するものすべてに藤井の目が配られた聴竹居には、環境配慮、という言葉を超え、空間全体の調和が織りなす心地よさが存在する。藤井自身が生涯をかけて創り出した〈相互作用〉の結晶ともいうべき聴竹居完成の10年後、藤井は49歳という若さで夭逝した。しかし、藤井の残した種子は現代におけるパッシブ建築が考慮すべき環境性能として引き継がれている。

生命におけるシステムの特徴として、一つひとつの単純な応答がボトムアップに積み重なり、結果として非常に複雑な適応を、少ないエネルギーで実現できるということが挙げられる。しかし、このようなシステムを意図的にデザインすることは難しく、より単純なシステムで機械的に対処するのが経済的で、合理的である、というのが現在のシステムデザインの一般的な考え方である。そのようなシステムデザインのアプローチでは、たとえば空調でいうと、エアコン単体の性能を年々向上させることによりエネルギー削減を図る取り組みが挙げられるが、これは部分の最適化であり建築全体としての最適化ではない。ここでいうシステムデザインの全体の統合こそ、建築に求められる役割であろう。これに対して、藤井は5回にも及ぶ実験住宅の設計と居住を通じて、応答が連鎖する空間システムのありようを獲得し、それを実現している。聴竹居は、〈相互作用〉を具現化した建築の一事例であるだけでなく、これからのシステムデザインの考え方そのものに対して問題提起するエポックメイキングな建築であると言えるだろう。

★1──住宅全体における開口比と通風到達率および開口比の平均値。

参考文献
藤井厚二『聴竹居図案集』岩波書店、1929
藤井厚二『日本の住宅』岩波書店、1928
竹中工務店設計部『「聴竹居」実測図集──環境と共生する住宅』彰国社、2001
伊藤帆奈美、橋本剛「藤井厚二の自邸における通風計画に関する研究」人間−生活環境系シンポジウム報告集36、pp.191-194、2012.11
堀越哲美、堀越英嗣「藤井厚二の体感温度を考慮した建築気候設計の理論と住宅デザイン」日本建築学会計画系論文集第386号、pp.38-42、1988.4

02 | 名護市庁舎
1981年 | 日本・沖縄県 | 象設計集団

地域で最適化された環境との相互作用

市庁舎全体に張り巡られた「風の道」により各室に風を供給する。地域の素材として「花ブロック」が採用され、独特の色彩を放ちながら風通しを確保し、意匠と設備が一体となることで開放的で空調を必要としない快適な空間を提供している。

現在の公共建築において、「地域性」の考慮は欠かせない設計条件のひとつとなっているが、その原点ともいえる建築が沖縄県名護市にある。その特徴的な外観はコンペ要綱の「市庁舎はどうあるべきか」「沖縄における建築とは何か」という問いから生まれた。

土着文化・環境工学・近代建材の融合

　名護市庁舎は5つの市町村合併から生まれた沖縄県名護市の「名護市庁舎競技設計」(1979年)として、308件もの応募があり、全国から注目を集めた。コンペの1等に選ばれた「象設計集団」は、コンペが行われる前から、恩納村基本構想(1972年)、名護市土地利用基本計画(1974年)、多野岳〈山の冠〉計画(1974年)など、集落調査に基づいた沖縄の

生命に学ぶ建築　71

図1：花ブロックのファサード　　図2：ブーゲンビリアで覆われたアサギテラス

マスタープラン策定に取り組んできた。

　コンペの要綱に応える形として海辺の近くに建設された市庁舎は、地域風を取り入れた風通しの良い市庁舎として現れた。具体的には、風通しを促す花ブロック［図1］と、ブーゲンビリアで覆われたアサギテラス［図2］、各室に空調機に頼らず風を供給する「風の道」［図3］によって実現されている。風通しを促す花ブロック（コンクリートブロック）は、土着の建築材料ではないが、戦後米軍によってもたらされ、住宅用で広く普及した素材である。戦後の沖縄の風景を彩ってきた新たな素材として選定された。アサギテラスの深い庇は、強い日差しから室内を守っており、沖縄の集落でみられる地域信仰の場の様式を模している。南北に貫くダクト穴から取り入れた風は「風の道」として居室に供給され、すべての居室が外部もしくは「風の道」に接している。その様子は、細胞が内部で発生する二酸化炭素と酸素を交換する仕組みと同様である。また屋上には芝生広場があり、雨水利用のスプリンクラーによって、上から照りつける南国の強い日差しの影響を軽減している。

　このように、各室を細胞と見ると、それらの隅々まで〈相互作用〉の交換が行き渡らせるよう隙間を埋める間質液のように、花ブロック、風の道、半屋外空間が機能している［図4］。

機能的でありながら、地域文化を担う

　名護市庁舎の定礎板に込められた「地域の礎たらん」と書かれた文字は、この建築を基軸にはじまる市民と行政の様々な活動へ発展していくことの願いが込められたものであるが、この建築自体も、地域の風土という礎に立脚した建築といえる。また現代性を表す材料の選定や、風・日差しに応じた通気計画・熱対策等といったパッシブ建築の普遍

図3：屋内に設けられた「風の道」の吹き出し口

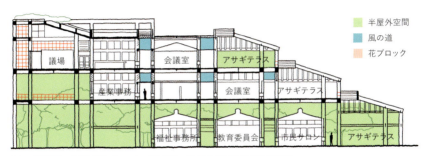

図4：断面図。各室が花ブロック、風の道、半屋外空間と接続している

的な概念が風土の上に折り重なり建ち現れた。「環境建築」が当たり前になった現代において、このような環境技術の採用は「機能の一部」として採用されて普及している。しかしながらどの建築も各地域に立脚しているのにも関わらず、その空間はどこも似たような均質化した「環境建築」になりがちである。それと比較して、地域で最適化されたこの建築の姿は、30年以上経った今も独特の色彩を放っている。何度参照しても色褪せることのない事例といえよう。

参考文献
磯達雄、宮沢洋『ポストモダン建築巡礼』日経BP社、2011
「続々モダニズムの軌跡──7. 象設計集団」『INAX report』No.185、INAX出版、pp.22-39、2011.1

03 | Aware Home
2000年 | アメリカ・ジョージア州 | ジョージア工科大学

「知能」が生活空間を見守る

住宅内に設置された無数のセンサーが生活者の健康状態をセンシングする。睡眠・活動の状況をセンシングすることで、薬の飲み忘れの防止や、運動を促すプログラムを提供し、生活者の健康をサポートする。

Aware Homeは一見普通の郊外のアメリカンホームに見えるが、アメリカ・ジョージア工科大学が学術目的でキャンパス敷地内に建設した実験住宅である。特徴は、システム天井にさまざまなセンサーが埋め込まれている点。ちょうどAware Home がスタートした2000年代は、アメリカ社会において健康維持にICTを活用しようとする潮流が政策的にも推進され、多くの研究ファンドが関連のテーマに投入された。日本の高齢化社会への不安と同様に、Aware Homeでは、米国での遠隔地に一人暮らしをする高齢者の見守りと暮らしの支援が実験されている。

寄り添う家

　ここでは高齢者の生活支援のための、さまざまなアプリケーションが提供される［図1］。まず、高齢者の所在や状態を把握するために、各種センサーによって情報を収集する。一見、室内は普通に見えるが、リビング、廊下、ベッドルームの天井に設置されたカメラや、床の出入口部分に敷かれたマットの裏に設置されたセンサー(RFID)により、高齢者の活動状況と部屋間の移動を検出することで現在位置が把握できる。空間のみならず、家具にもセンサーが取り付けられており、ベッドでは健康状態のチェックを行う。次に、センサーによって得られたデータを解析することで、センサー値から状態を判定したり、センサー間の情報から現在位置を割り出すといった判定を行う。このような「センシング」と「認識」によって判定される情報から、高齢者に対しては、薬を飲み忘れたら、空間が自動的に教えてくれるアプリケーションが提供される。このように、理想の状態と異常な状態の差分をリアルタイムでモニタリングし続け、一定期間内はそれらが改善されていない場合、フィードバックして理想の状態に近づけようとする〈相互作用〉が仕込まれている。

　また高齢者と離れて住む家族に対するアプリケーションでは、マントルピースの上に置かれた「家族写真」の周囲に舞う蝶をタップすると、その日の活動ログが表示される。離れて暮らす家族は、その活動ログから、家族のその日の様子を類推することができる。

　ひとつ屋根の下で生活していれば、行動や顔色から異変を察知するということがあるだろう。しかし、離れて暮らす家族の異変を察することは難しい。そこで、このように日々繰り返される物理的には見えない情報の〈相互作用〉のやりとりの中から異変を見出すプロセスを、Aware Homeはネットワークを介して実現している。

スマートホームの先駆けとして

　ここ数年のスマートフォンやスマートウォッチといったデバイスの急速な普及により、身に着けるだけで歩数や心拍数といったバイタルデータを収集し可視化することが可能になっている。このようなデバイスの普及とともに、少子高齢化社会は益々深刻さを増し、

❷廊下

❸寝室

❶リビング

❹天井

● RFID mats
● Soon-to-be mats

RFIDマットから移動を把握

天井カメラから行動を分析

常備薬飲み忘れ防止モニター

デジタル家族写真

ロボットとの共生

Sensing / Recognition / Application

図1:Aware Homeシステム概要

政府も医療費負担の削減を図るため、予防医学に力を入れており、これらの動きを後押ししている。そのような背景からスマートフォンを通して健康管理を行うサービスも生まれている。今後は病気にかかってから専門家の助言を乞うのではなく、常に自分の傍で見守ってもらい、可視化されたデータからAwareし（気づいて）行動を変革したり、助言に耳を傾けたりする機会が益々増えてくるだろう。また2013年に販売された「Nest」[事例08]は、生活パターンを判別しそれに応じて賢く省エネを図る仕組みとして、発売から爆発的な売り上げをみせており、生活空間のIoT化は急速に進みつつある。人生の多くの時間を過ごす住宅は、食事、睡眠、運動により健康を保ち生活の質を高めたいという人々の欲求がある限り、家は進化し続けるだろう。

Aware Homeはプロジェクトをスタートさせた当時、サーバーやセンサー配線用に必要だったバックヤードもいらなくなり、現在では膨大なサーバースペースを住居内に置かずとも、ワイヤレスネットワークやクラウドが担えるようになっている。クラウドはデータの置き場としての「納屋」の機能だけでなく、機械学習などの複雑な解析も行うことができるサービスが普及している。ユーザーはセンサーを設置しネットワークと接続するだけで高度なサービスを受けられることも可能となっている。また、Aware Homeは研究プロジェクトという特性上、各研究プロジェクトが開発するアプリケーションが空間内で展開されており、全体を統合するサーバーは存在せずデータの連携は行われていない。それらのデータが相互に連携すれば、位置の情報とアプリケーションの利用状況から行動状況が判別できる等、高度な行動の解釈が可能となる。現実のスマートハウスでは、このようにデータを統合することで空間内に設置したセンサーの価値を更に高めることが必要となるだろう。

Aware Homeによって提唱されたコンセプトは、現在もジョージアテックで引き継がれ、加齢に伴う身体の機能低下をアプリケーションやセンシングでサポートするTechSAge[★1]やHomelabのプロジェクトが続いている。Aware Homeで培われた研究はこの分野の先鞭となる事例といえる。

★1──Technologies to Support Successful Aging with Disability

参考文献
椎尾一郎「Georgia TechにおけるAwareHomeプロジェクト──日用品コンピューティングによる生活者支援」情報処理学会研究報告会ヒューマンコンピュータインタラクション研究会報告100、pp.1-8、2002.9.20
Gregory D. Abowd, Aaron F. Bobick, Irfan A. Essa, Elizabeth D. Mynatt, Wendy A. Rogers, "The Aware Home: A living laboratory for technologies for successful aging", *AAAI Technical Report WS-02-02*, 2002

04 | iLog House
2006年｜日本｜慶應義塾大学湘南藤沢キャンパス SFC研究所

環境デザインと情報技術の融合による生活を記録する住宅

iLog Houseでは家族のコミュニケーション及びヘルスケアを目的に、現在における「柱の傷」を高度な情報技術により実現する。これらを生活行為の中で自然な位置に配置し、適切なタイミングで情報を提示することによって、情報技術が生活に溶け込んだ未来のライフスタイルを提案している。

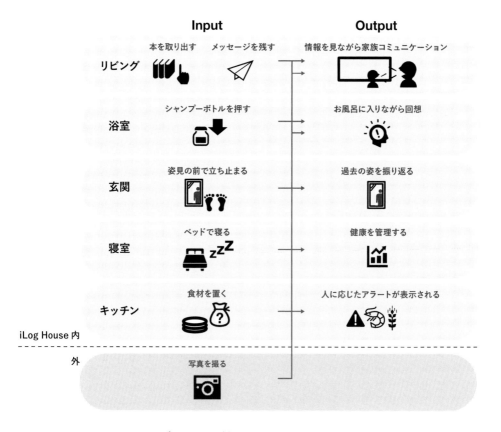

iLog Houseでのアプリケーション例

柱の傷は　一昨年の　五月五日の　背比べ

　日本人なら誰もが知るこの童謡で歌われているのは、ル・コルビュジエが「住むための機械」と定義した機能主体の側面からは語り尽くせない、住宅というものの一面である。幼い子供に限らず、人間の身体は成長／老化／健康状態など、常に変化している。背比べの傷は、そのような変化を可視化して、本人および家族間で共有する記録媒体として住宅が利用される一例である。このような、住宅の空間にとどめられた変化の痕跡を通じて、住人は自分自身および家族の変化に気づき、ライフステージに合わせてライフスタイルや家族間の関係を調整することで、個人およびコミュニティとしての持続可能性を意識的／無意識的に高めている。

ユーザーインタフェースが生む相互作用

　近年では情報技術の発達が著しい。家庭内においても、生活の記録やコミュニケーションに、デジタルカメラや携帯電話、行動計測を行うセンサーなどの情報機器が幅広く用いられるようになってきた。このような情報機器を用いることで、より多様な情報を、より正確に、より大量に記録し、豊かな可視化を行ってライフスタイルに活用する可能性が生じている。一方でそのようなアプリケーションを生活空間の中に持ち込むためには、業務用途などとは異なり住人が自然に利用できるようなサービスおよびユーザーインタフェースのデザインが求められる。

　このような問題意識から、2005年に慶應義塾大学の環境デザインおよびユビキタスコンピューティングの研究グループと、三菱地所をはじめとする複数の企業グループの共同研究として、情報技術によって生活の様子を記録し可視化し、家族のコミュニケーションおよびヘルスケアに活用する未来の住宅のモデルハウス「iLog House」が建造された（筆者らも研究グループのメンバーであった）。

図1：「Log」と掛けたログハウスを模したiLog House外観

5,6 キッチン
食材を置くと人に応じたアラートが表示

11 リビング
モジュール化されたインテリアの一部のようなコンピューター、U-Texture

平面図

10 リビング
ガラススクリーンをタッチインタフェースとしたAsnaroで遊ぶ子どもたち。家族間の伝言板としても機能する

8 玄関
カメラと一体化した姿見、Time After Mirror。家族の何気ない日常や、外へ出掛ける時の様子や服装を記憶し続ける

図2：iLog Houseに配置されたアプリケーション例

「記録」の生むコミュニケーション

　iLog Houseは、大きく2種類の提案内容から成っていた。

　第一に、日々の生活の画像による記録、およびその記録した画像を家族間で共有することで、お互いの様子への気付きを与えるという提案である。具体的には、玄関の姿見と一体化したカメラ (Time After Mirror)、記録情報を利用する居間に設置した大型タッチスクリーン (Asnaro)、大量の画像を直感的に利用できるデジタルフォトフレーム (Push Pull)、親子で一日の出来事を共有するプロジェクターを備えた浴室 (Flog)、パネル型のコンピューターを組み立ててユビキタス空間を構築できるディスプレイ (U-Texture) などである。このように住宅の各所に散りばめられた記録の入力装置と、家族の変化や状態、記憶を喚起させる出力装置により、家族間のコミュニケーションと次の行動を支援する。iLog Houseが実施された後、デジタルカメラやスマートフォン、デジタルフォトフレームなどの普及によって、家族の間に留まらずデジタル画像を用いたコミュニケーションは急速に広がっている。

　第二に、iLog Houseではセンサーによる生体情報のモニタリングを通した健康状態の可視化と改善への応用を提案した。具体的には、寝室に設置したセンサーによって睡眠時にバイタル情報を記録し、異常時に医療機関に通知する、といった内容である。センサーによる生体情報のモニタリングを通したヘルスケアは、この数年で急速に実用化が進みつつある。

　iLog Houseの設計にあたっては、普通の生活空間の中で、上述のような高度な情報技術を、いかに複雑な操作を行うことなく意識せずにサービスを利用できるようにするか、という〈相互作用〉の設計が重視された。そのためには、人が写真立てをどのように操作するか、生活動線の中で姿を記録するのに適切な場所はどこか、といった人間の行動に関する環境デザイン的な知見を活用し、センサーなど情報機器による入力と対応づけることが有効であった。情報技術による空間と人間の〈相互作用〉は今後ますます広く用いられるようになると考えられる。その設計において、iLog Houseで試みられたこのような現実の空間での行動および情報技術についてのインターディシプリナリー（領域横断）なアプローチがたいへん有効であると考える。

参考文献
「自分や家族を『記録する』未来の家がORF2006に登場」ITmedia, http://www.itmedia.co.jp/enterprise/articles/0611/20/news041.html (2016.8.31閲覧)
「自分で育む暮らし──iLog House」SFC CLIP, https://sfcclip.net/news2006120109/ (2016.8.31閲覧)
千葉乃生、高石悦史、久保美那子、児玉哲彦、安村通晃、國領次郎「Asnaro──親子のコミュニケーションを身長差を利用する手書きインタフェース」情報処理学会シンポジウム論文集、pp.177-178、2007.3
久保美那子、児玉哲彦、安村通晃「Flog──浴室における記憶想起支援システムの提案と試作」慶應義塾大学湘南藤沢学会、pp.48-49、2006.3
「U-Tecture Project」https://www.ht.sfc.keio.ac.jp/u-texture/project.html (2016年8月31日閲覧)

05 | 構造ヘルスモニタリング
2008年－|日本|慶應義塾大学三田彰研究室

常時自律的に見守る相互作用

建築に設置されたセンサーと建築から外部化されたロボットが協調して常時建物を見守るシステム。これにより建物のライフサイクルのうちに数回経験することとなる地震に備え、建物の健全性を判断し、居住者に通知することで安心・安全なサービスを提供する。

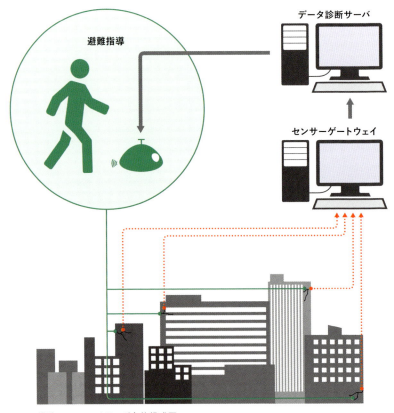

構造ヘルスモニタリング全体構成図

外部から侵入し危機を招く異物に対応する生命の仕組みとして、免疫細胞の働きがある。樹状細胞が侵入した異物に対し枝を伸ばし吸収する。吸収した異物が病原体かどうか判断するＴ細胞が、異物を攻撃対象であると判断すると吸収指令を発信。それを受けたマクロファージが異物を中に取り込むことで無害化を行う。これらは血液中に常駐し自律的に活動する。

　このような外乱に対し常時モニタリングし自律的に判断・制御までを行う〈相互作用〉を、建築に置き換えると、建築の構造体の健全性を保つための管理手法である「構造ヘルスモニタリング」がその一例として挙げられる。

地震に応答する──損傷記録と避難誘導

　構造ヘルスモニタリングでいう危機は地震に相当し、健全性を評価する上で重要な部位にセンサーを取りつけセンシングし、ねじれや振動といった物理量を解析し、異常がないか、またこの建築の機能を維持できるかどうかといった健全性を判断する。その一例として、慶應義塾大学三田研究室での研究プロジェクトが挙げられる。新宿新副都心における高層ビル群を対象としたプロジェクトでは、大地震発生後に耐震診断を判断し、それぞれの建物の使用可否や、帰宅困難者を想定し収容可能な人数等の情報共有をロボットで行う試みが実施されている。高層ビルといった多層構造物では、地震力に対する挙動は複雑になり、損傷度合いを加味した解析が必要となる。その一方で帰宅困難者を受け入れるといった建物の機能維持も求められる。このような要求に対し、三田研究室では、構造体の損傷を検知するために、剛心位置の変化に着目した損傷判定や、加速度センサーを用い固有振動数の変化に着目した損傷検知手法を開発した。併せて、建物内を自由に動くことができるロボットを用い、センサーと居住者に情報提示するインタフェースを搭載させることにより、避難の必要性を報告する仕組みを開発している。

建物が自己診断をする

　2011年に発生した東日本大震災を受け、建築や都市が持つべき機能として「レジリエンス（復元力）」が着目されている。建築の供用期間中に稀に生じるレベル（少なくとも1回は遭遇）の外乱に対し、損傷を受けたとしても再度復元することができる仕組みを内包したしなやかさが求められている。建築が地震へ対応する方法としては、免震構造や耐震構造などのように外力に対し反力を作用させることで外力を逃がし、居住者は建物の健全性を確認するすべがないことが一般的だ。三田研究室の構造ヘルスモニタリングでは、建物とセンサーが作用することで安全性を評価し、さらに、建物から人へ情報を伝達することで、建築と人との〈相互作用〉を実現している。かつ外的リソースに頼らず、ネットワーク

で接続されたモノ同士で自律的に機能する。建築がセンサーを搭載することで自律的な〈相互作用〉により、建築居住者や周辺の居住者も含め守る機能が今後益々必要不可欠となるだろう。建物が人命を守るという根源的な使命を自律的な〈相互作用〉によって実現する生命化の事例といえよう。

参考文献
「慶應義塾大学理工学部システムデザイン工学科 三田研究室ウェブサイト」
http://www.mita.sd.keio.ac.jp/research/shm_group/index.html
（2016.8.31閲覧）
鈴木悠、三田彰「適用型拡張カルマンフィルタを用いた3台の加速度センサにによる高層建物の層間変形角推定方法」日本建築学会構造系論文集第717号、pp.1649-1656、2015.11
北真也、品川祐志、三田彰「小型ロボットを用いた避難誘導に関する研究」日本建築学会大会（北海道）学術講演・建築デザイン発表会、pp.125-126、2013.8

06 | 寝室環境システム
2008年｜日本・京都府／千葉県｜Panasonic Corporation

都市生活者の体内リズムと響き合う相互作用

明るいときに起き、暗いときに寝るというのが人間の生理反応だ。われわれ現代人がいくら夜型になっても、身体は地球のリズムを覚えている。より自然な入眠・起床をサポートするシェルターにより、都市生活者の身体のリズムを整える。

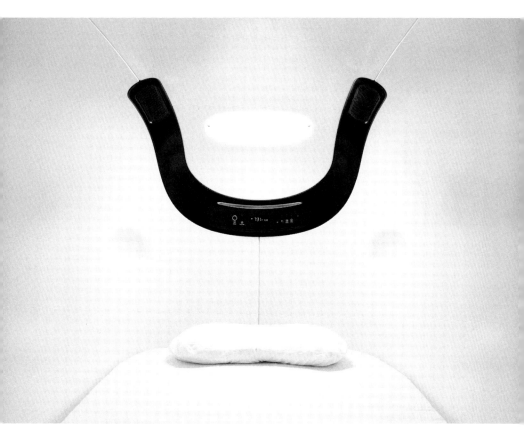

生命に学ぶ建築

人間の三大欲求のひとつである睡眠。寝るということは、人間の疲労と回復、生体リズムと、照明・温度・湿度・寝具・香りなどのさまざまな環境の要素が影響しあう行為である。ベッドのマットレスの固さや、枕の高さへのこだわりにはじまり、寝つきの良さ、心地よい目覚めは、多くの人が求めているものである。

　「寝室環境システム」は、寝るための道具や環境として考えられていた寝具や間取りだけでなく、寝室内にセッティングされた照明や音響が、眠るための環境を整えることができることに着目をしたシステムである［図1］。就寝時間・起床時間をコントロールパネル［図2］に入力すると、睡眠時に分泌されるメラトニンの分泌を阻害する450-460ナノメーターの波長をカットした光が、徐々に弱くなることでスムーズな入眠を促す。そして、起床時間の30分前から、朝日が射すように、徐々に照明の照度が上がることで、サーカディアンリズム（生体内のリズム）を整えた起床へと導き、快適な1日のスタートを切ることをサポートしてくれる。

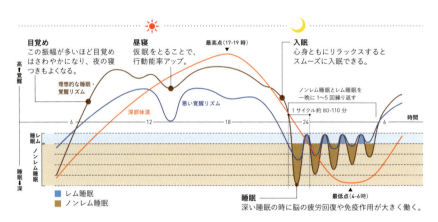

図1：睡眠のサーカディアンリズム

図2：寝室環境システムコントロールパネル

現代人のための再適応装置

　成田空港にある「9h ninehours」というカプセルホテルでは、この寝室環境システムが、客室モジュールとして導入されている[図3-4]。都市生活者向けの宿泊体験として2009年にオープンしたこのホテルチェーンは、汗を洗い流す、眠る、身支度をする、という3つの行為を9時間の滞在時間でコンパクトに提供することをコンセプトとしている。

　駅・空港近くにコンパクトに設計されたカプセルホテルの限られた客室空間において、生理機能に即した心地よい睡眠環境を提供することは、宿泊価値を最大化する重要な要素として位置づけられている。寝室環境のIoT化が進み、ベッドセンサーが睡眠中の体の状態を感知し、その状態に合わせて寝室環境が対話的に振る舞うことで、心と体を整える手法も各所で研究されている。いつしか、眠ることは、個人に閉じた行為ではなく、個人の生理と寝室環境が対話する〈相互作用〉として解明されようとしているのである。こういった寝室環境システムの研究は、空間自体が目覚まし時計に変わる今後の都市生活のスタンダードなモジュールシステムになりうる可能性を持っている。

参考文献
内田直『好きになる睡眠医学――明かりのしくみと睡眠障害』講談社、2006

図3：カプセル外観

図4：ずらりと並ぶカプセル群

07 NBF大崎ビル
2011年｜日本・東京都｜日建設計

ミクロからマクロまで
さまざまなスケールでの相互作用

ヒートアイランド現象を食い止める、という目的に開発された「バイオスキン」と呼ばれるテラコッタ製のファサードにより、配管内に雨水が伝わることで、気化熱により周辺の空気を冷やすシステム。効率的に空気を冷やすため、建物配置を夏の主風向に向けた。目的を達成するために素材のレベルから建築の配置までを見直すことで完成した新たなデザイン。

　3.11以降の日本において、サスティナブル建築の概念の普及は急速に進んでいる。環境配慮は推進レベルから、建築が備えるべき必要不可欠な要素レベルとして認識されている。そのため、事務所ビル、とりわけ自社ビルは、企業の姿勢を反映した建築が現れやすいビルディングタイプである。その表れとして、企業では国内外の外部による環境性能総合評価の取得や、自社が消費する電力をグリーンエネルギーでまかなう方針を発表するなど、建築を取り巻くさまざまなアプローチがなされている。

　NBF大崎ビル（旧ソニーシティ大崎）は、日本を代表する電機メーカーであるソニーの自社ビルのリサーチ部門とデベロップ部門が入居するビルとして構想された。延床面積約12万㎡、地上25階という巨大なボリュームに対し、事務所ビルで立ち現れる表層となるファサードを社会に対しどのように設計するかは、設計者にとっても企業にとっても、最大の表現対象となる。またビルから排出されるエアコンの排熱によって引き起こされるヒートアイランド現象等の周辺環境への影響は、見逃せない要素であり、環境へのインパクトを最小化する試みは、建築に求められる機能となっている。

環境を受け流す柔らかいファサード

　NBF大崎ビルは、建築の表現としてまた環境に対するひとつの答えとして、全面に立ち上がるファサードを「バイオスキン」と呼ぶテラコッタ製の表皮を纏った。

　「バイオスキン」は、アジア・中東地域で素焼きのテラコッタの壺で「気化熱」により壺の水を冷やす仕組みから着想された。壺の水は、次の❶から❸のステップを繰り返すことで、壺表面から壺内部の水が冷えていく。

　❶テラコッタの壺に水を入れると、壺の表面の細かい穴から水がにじみ出てくる。

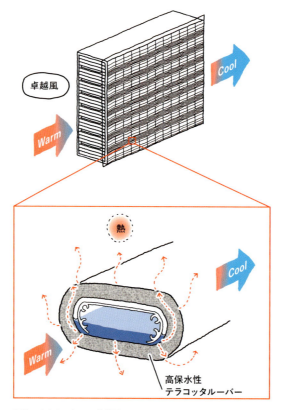

図1：バイオスキンの仕組み

❷壺の表面ににじみ出る水分（湿度100%）は、壺外部の空気（湿度100%未満）に接することで、水分は外部の空気に移動する。

❸水分が壺表面から空気中に移動し、水分が奪われるのと同時に壺表面は「気化熱」が発生し、壺表面の熱が奪われ、壺表面の温度が下がる。

　このステップを繰り返すためには、水分を含んだ大気中の空気を循環させ、連続的にこの作用を起こし続けることが必要になる。そのため、この壺の場合は木陰などに置かれている。木陰には日射が遮られたことにより、周辺より冷たい空気となる。木陰の冷たい空気と日が当たった場所で温まった空気の温度差によって風が発生する。それにより木陰は風の通り道となり、壺は常時風に曝され、水分を含んだ空気が入れ替わり、連続的にその作用が起きつづける仕組みだ。

ミクロとマクロを同時に解決する

　気化熱により熱を奪う仕組みは、生命の仕組みとして参照できる。

　汗が乾くと体が冷える感覚や、皮膚に消毒用アルコールを塗ると乾くとともにヒヤッとする感触は、日々我々の人体で体感しているだろう。運動や外気温の上昇などで体温が上昇すると、温度の上がった血液は血流として体内を流れ続けながら、身体表面の汗腺から発汗し、汗が気化熱を奪うことで、温度を下げる。このように体内を循環し続けることで、体内の温度の恒常性を保つ。

　これらの作用を建築の表層に建築化したのが「バイオスキン」という装置である。

　気化熱を利用するバイオスキンは、多孔質な陶器製の管でできている。管の内部には、冷媒として屋根で集めた雨水が通っている。人体のように血液を循環させる「心臓」のポンプの役割は、管を簾状に配置させ、重力により雨水を上部から下部に流れ循環させることである。表面が常時風にあたることが効率的に冷やし続ける条件となるが、壺のようにバイオスキン自体を木陰のような冷所に置き温度差による風の効果を狙うことは、現実的ではない。そのためバイオスキンを装ったファサードを関東平野の主風向（東京湾からNBF大崎ビルのある谷筋を通りぬけ、山川に抜ける風）に対し、平行に建物を配置している。

　このようにNBF大崎ビルでは、建築の部分のレベルでは、「テラコッタ」と「雨水」の物質間の温度差より蒸散するというミクロな〈相互作用〉が起きている。建築の全体では、それらを繋ぐ重力で流れを生み出している。建築を取り巻く環境のレベルでは、「主風向」「建物配置」によって、ダイナミックに絶えず交換が進む仕組みを取り込んでいる。

素朴なテクノロジーで緑を代用する

　バイオスキンのファサードは、植物を建築システムに取り込んだ壁面緑化と比較できるだろう。常緑の植物で常時西日を遮ったり、夏季に急成長する植物で一時的にファサードを覆ったりすることは、表面温度を下げるソリューションである。NBF大崎ビルでも、植物によるファサードの検討がなされたが、140m近くの高さを覆うことは困難であった。また循環の仕組みなくしては、熱を下げ続けることは難しい。

　日差しを遮るファサードデザインと熱負荷削減の機能の一体化はこれまでも行われてきたが、ファサード自体に水を通し、熱を直接受けるファサード自体から積極的に熱を取り去る試みはされてこなかった。あくまでも熱負荷の削減は、ガラス自体の高機能化や、空調機による負荷削減などの二次的な対処に留まっており、それらはデザインとして表に現れてくることはなかった。

　NBF大崎ビルでは必ずしも生命システムを直接的に利用しなくても、生命的な現象を建築の部分に取り込むことで、生命の現象により踏み込んだ機能を発揮している。設計

者自らこのバイオスキンを「目的を徹底したロボット」と称しているが、生命に学ぶ建築の観点から捉えると、「場所」「規模」「目的」に最適化された一種の〈相互作用〉を取り込んだ生命化建築といえよう。

参考文献
山梨知彦、伊香賀俊治『最高の環境建築をつくる方法』エクスナレッジ、2013
山梨知彦、羽鳥達也、石原嘉人、川島範久「NBF大崎ビル（旧ソニーシティ大崎）」『建築雑誌』129 (1661)、pp.56-57、2014.8

08 | Nest
2011年-｜アメリカ｜Nest Labs

シリコンバレー型イノベーションによるスマートホームの実現

セントラルヒーティングの温度設定に用いられるサーモスタットが温度設定や不在を検知し生活リズムを学習することで賢く省エネを図るシステム。ユーザーは直観的なインタフェースを用いて、これまでと同じように温度設定を行うだけで、快適性と光熱費の削減を得ることができる。

家電や設備機器等をネットワーク接続し、インテリジェントな制御を行うスマートホームの概念は、1980年代から提唱されてきた。一方で、オフィスビルなどにおけるBEMS（ビルエネルギー管理システム）などの普及とは対照的に、スマートホームは長らく普及されなかった。ところが、この分野にようやく風穴を開ける製品が登場した。それがNestによる学習サーモスタットである。

スマートホームの新しい「スイッチ」

　北米などの住宅においては、各部屋の暖房よりもセントラルヒーティング[★1]が多く利用されている[図1]。そうしたセントラルヒーティングにおいては、室温を検知して設定温

図1：セントラルヒーティングと連携するNest

図2：スマートフォンで学習の様子がモニタリングされる

度に近づけるよう調節するサーモスタットが広く用いられている。加熱・冷却機器全体で見ると、国内でも家庭の中の消費電力内訳の50%を閉めている。(資源エネルギー庁調べ)原油価格の高騰や、長引く不況の影響などもあり、Nestの主な市場である北米においてもエネルギー資源の節約への関心は高まっている。

　従来のサーモスタットは、温度を設定すると、後は冷暖房の動作を切り替えるだけの単純な仕組みであった。ゆえに、室内に人がいようがいまいが、あるいは設定温度に近づけることでエネルギー効率が悪かろうが、冷暖房は設定温度に近づけるよう動作する。これは、孤立系であるがゆえにエネルギーの浪費を行っており、長期的な持続可能性には悪影響を及ぼす。Nestは、センサーおよび人工知能技術を用いた〈相互作用〉によりこれらの問題を軽減する。Nestの使い方は、通常のサーモスタット同様温度を設定するだけである。しかし、Nestは、設定された温度と、時間帯や人感センサーを通じて人がいるかどうかといった情報を対応付けることで、家の中の状況に応じて自動で温度設定を制御する［図2］。また、スマートフォンなどの機器を用いて家の内外からエネルギーの使用状況を確認でき、温度設定を変えることもできる［図3］。これらの機能によって、Nestでは冷暖房の費用を最大20%節約できるという。このように、Nestは人間および環境から

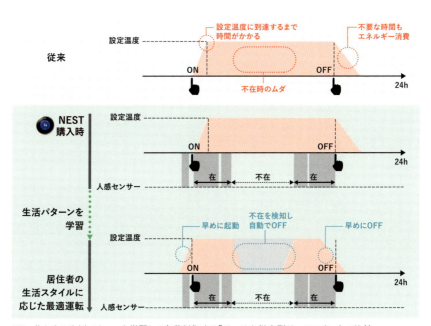

図3：住む人の生活パターンを学習して自動制御する「Nest」と従来型サーモスタットの比較

の入力によって制御信号を出力する。この制御によってつくられた環境に、再度人間が反応するというプロセスを繰り返して学習することで、我々の提唱する意味での〈相互作用〉する空間をつくり出す。

自己学習する空調システム

　Nestの学習機構については独自の人工知能技術と記載されているのみであり、その詳細は不明である。おそらく、入力値「人感センサーOFF」に対し、出力値「サーモスタットOFF」にするといったこれまでの一般的なサーモスタット制御とは異なり、「過去のサーモスタットのON／OFF」「過去の人感センサーのON／OFF」のパターンや「曜日や祝日」「外気温」「設定温度」といったさまざまな要素の関連性を学習するシステムであると推測される。

　現在、人工知能の中核技術となっているディープラーニングは、機械学習の一種であり、脳の神経回路を模した「入力層」「出力層」の間に幾重もの「隠れ層」を持ち、それらの層を「自己生成」する点に特徴がある。

　たとえば、子どもが言葉を覚えはじめる1歳頃、まちで見かける犬も猫もすべてを「わんわ」と発したりする。そして大人と「わんわだね」や「違うよ、にゃんにゃだよ」といったやり取りを繰り返し、また図鑑やイラストといった様々な入力データで繰り返し学習することで、子どもは徐々に間違えず正確に犬か猫かを言い当てることができるようになっていく。脳の神経回路が、隠れ層を自己生成することが優れている点は、「犬」「猫」といった大量の入力画像と、大人が紐付ける正解となる出力データのみによって、その精度を高めていく点にある。このような脳内の神経経路を模したディープラーニングの登場以前は犬や猫の目や耳、形や色といった特徴量に基づく機械学習だった。特徴量に基づく人工知能の限界は、犬や猫といっても種類や色や形もさまざまなパターンがあり、必ず例外が存在する。このような、これまでの機械学習の特徴量設計では、どんなに設計し尽くしても人の認識能力を超えることはなかった。前述の子どもが犬か猫かを判断する脳内の隠れ層では、おそらく単体の画像としての特徴量だけでなく、「(犬は)人が連れている」「(猫は)自由に歩いている」等の状況も含めて、人間が事前に与えることができないような多様な犬と猫の定義を隠れ層として無意識のうちに生成し、ニューロンのつながりを更新し、精度を高めていくことが可能である。

　脳内の神経回路を模した生命から学ぶシステムが優れていることを証明する出来事が2012年に起きた。画像認識コンテストであるILSVRC (ImageNet Large Scale Visual Recognition Challenge)においてディープラーニングの名付け親であるトロント大学のジェフリー・ヒントン教授らのグループがディープラーニングを用いたSuperVisionという手法を使って、既存

の特徴量設計をした他グループの認識精度が26%台という記録に対して、15%台という圧倒的な記録を出し優勝した。それ以降Google、Baidu、Microsoftといった各社がディープラーニングを採用するようになり、毎年その記録を塗り替え、ついに2015年2月にはMicrosoftが4.9%という精度を記録し、人の認識精度とされる5.1%を超えた。

一見シンプルに見えるNestも、千差万別の多様な生活パターンを自己学習する仕組みによって支えられ、快適と省エネを実現している。

サーモスタットは、通常高い関心を集めるような装置ではない。しかし、Nestは2013年に月4万-5万台を出荷していると報じられている。これはじつに、北米で販売されるサーモスタットすべての10%という驚異的なシェアである。しかも、Nestの販売価格は通常のサーモスタットと比べて4倍から5倍も高いにも関わらず、である。上述のようなインテリジェント制御や冷暖房費用の節約といったメリットは当然その人気に寄与しているが、Nestはさらに通常のサーモスタットと比べて外観や操作感が圧倒的に優れているという特徴がある。Nestの開発者は、Apple社でiPodの開発を指揮した人物としても知られており、コンシューマー向けIT製品の開発で培われたノウハウが用いられている。

また、Nestのユーザー体験を更に加速する要素として、プロダクトのサービス化も進化

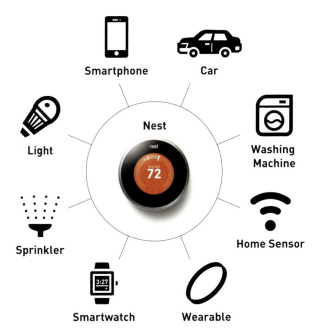

図4：Nestをハブに住宅のさまざまな家電製品などが連携

生命に学ぶ建築　97

し続けている。Nestは全米の電力会社各社とパートナーを組み、ユーザーがNestのサーモスタットを無料で受け取るかわりに、電力会社がサーモスタットのコントロールを行うプログラムを提供している。空調の快適性や満足度に関わる多くのフィールド調査で、居住者自身が周囲の環境をコントロールできないことが不満に繋がることが実証されているが、Nestではユーザーがどうしてもコントロールしたいときは自身で制御可能な仕組みとしている。このようにコントロールされるという心理的抵抗感を軽減しながら、ユーザーは自動的に省エネを図りながら快適な環境を得られるといったユーザー体験がNestのユーザー数を延ばし続けている。一方で電力会社は電力ピーク時の電力使用量を緩和することが可能となり、このサービスには相互にメリットが成り立つビジネスモデルが設計されている。

叶わなかった夢の実現

このようなHEMS（家庭用エネルギーマネジメントシステム）の提案は長年なされてきたにもかかわらず、これだけの成功を収めた製品はNest以前には存在しなかった。その理由としては、人感センサーによる室内の人間の有無の認識や、本体およびPCやスマートフォンなどを用いた使いやすい入力により、人間のニーズをうまく理解し、温度調節に反映させ、エネルギー消費と人間の快適さの利便性をうまく調和させる〈相互作用〉を実現したことにある。また、かつてAppleがデバイスの販売からiTunesやApple Storeを通じてサービスを提供したように、トータルとしてユーザー体験を提供している。

さらに、Nestは「Works with Nest」というプラットフォームを構想、構築している［図4］。あらゆる家電製品はNestをハブにネットワークを形成するのだ。たとえば、乾燥機が居住者の不在を感知すると、衣類がシワにならないよう適宜衣類に風を送ってくれる。また、車のGPSを感知してNestが空調をONにする。不在時に誰か鍵を開けると、カメラが作動して遠距離から動画を確認することができる。こうした数々の機器、アプリケーションとの連携により、Aware Home［事例03］で実現されなかったセンサー群のネットワーク化とアプリケーションの連携でスマートホームが実現しつつある。

これらの実現にあたっては、シリコンバレーのIT業界で培われてきた、ハイテク製品の実用化に寄与した優れたユーザー体験を実現するノウハウが用いられた。今後の環境デザインにあたっても、このような手法の導入は大いに有用である。

★1──建物内の空調を1カ所で行う方法。日本ではオフィスなどの大規模建築に取り入れられているが、欧米では戸建住宅でもセントラルヒーティングが一般的である。

参考文献
「Nest」https:nest.com（2016.8.31閲覧）
松尾豊『人工知能は人間を超えるか』KADOKAWA／中経出版、2015

Column
生命化建築
空間生命化デザインを支えるシステム

三田 彰（慶應義塾大学教授）

　安全・安心・快適な建築空間の実現において重要なポイントのひとつに、居住者を含む環境との高度なインタラクションがある。高度なインタラクションはセンサ、ブレイン、そしてアクチュエータの3つを必要とする。この3要素からなるシステムのことを一般的にはスマートシステムと呼ぶ。

　究極のスマートシステムである生物には、次の4つの適応能力が備わっている。

❶ 感覚器的適応（sensory adaption）
❷ 学習による適応（adaption by learning）
❸ 生理的適応（physiological adaption）
❹ 進化的適応（evolutionary adaption）

　知能化建築と呼ばれる研究が盛んに行われてきたが、そのほとんどはこの分類によれば❶感覚器的適応および❷学習による適応に基づいている。したがって、基本的にすべてシナリオに基づいてプログラムする必要がある。当然ながら、想定外の事態には対処できない。ところが❸生理的適応のひとつである免疫機能は、未知の微生物による攻撃に対しても反撃し、またホメオスタシスは、必要な調節を無意識下に行っている。❹進化的適応は、現世代では適応できなかった環境への適応能力を、突然変異によって次世代に持たせることで生き延びることを可能にしている。生命化建築は、こうした4つの適応の仕組みすべてを持つシステムと定義している。

　生理的適応のうち、ホメオスタシスは恒常性と訳されるもので、無意識のうちに体温の調節や生理の周期のコントロールなどをつかさどる。ホルモンに代表される内分泌系が中心的役割を担っている。こうした無意識のコントロールには化学物質による情報伝達が行われている。電気信号に基づく神経系に比べて情報の伝達は遅いが、全身にゆっくり情報が伝播する。もうひとつの生理的適応である免疫系の場合には、化学物質の濃度勾配を利用して、位置情報も加味される。きわめて精緻な仕組みである。感覚器的適応では、中枢神経系からの命令が筋肉など特定の部位に直接届く。一方、生理的適応では、化学物質による情報は全身に伝わり、反応を起こすかどうかは、受容体を持つ器官の側に任されている。つまり、反応を起こす器官（アクチュエータ）側に頭脳がある、とも

いえる。こうした仕組みはシステムの側面から見たときに極めて興味深く、建築空間の制御に応用すると、これまでにない冗長性の高い仕組みにできる可能性がある。

　我々の研究室では、ホメオスタシスおよび免疫の原理に基づく空調制御システムや照明制御システムを提案している。部屋にいる居住者が暑いあるいは寒いと感じた不快感をホルモン情報として部屋に満たし、そのホルモンに対する受容体を持つ空調機器が、その受容体の特性に応じて稼働する、といったものである。居住者が空調システムに指示しなくても、無意識下での快・不快情報を取得することがもし可能であれば、こうした制御は十分実現性の高いものである。この仕組みのポイントは快・不快情報の取得にある。最近の研究で、こうした情報を人の表情や行動から読み取ることが次第に可能となってきている。

　生命化建築の実現には、居住者を含む環境と建築との対話の仕組みが不可欠である。居住者の快・不快情報や感情を正確に知ることができれば、居住者自身をセンサ、ブレイン、アクチュエータを持つスマートシステムとして生命化建築に組み込むことができる。生命化建築では、環境との対話の装置として、小型のペット型ロボットの活用を想定している。ロボットを介在させることで、建築側に過剰なセンサやアクチュエータシステムを導入する必要がなくなり、またロボットがクラウド上のブレインを利用することで、建築側への導入ハードルを下げることが期待できる。ロボットさえ交換すれば常に最新のインタフェースを維持できるといったメリットもある。

　こうしてみてくると、居住者を含めた環境の情報および建築空間側の情報をどのように取得し、どのようにインタラクションさせるかが最重要課題であることがわかる。進化的適応も、こうした情報に基づいて次世代に伝達する情報をどのように蓄積し、変換し、伝達するか、といった問題に帰着できる。純粋工学的なアプローチだけではなく、心理学や生理学といった他分野との協働も視野に入れた研究が不可欠である。

参考文献
McFarland, D., "What it means for robot behavior to be adaptive," *From animals to animats: Proceedings of the First International Conference on Simulation of Adaptive Behavior*, pp.22-28, 1991

三田研究室のペットサイズロボット。KINECTを搭載し、ノートパソコンを制御に用いている

第3章
成長

変化か死か

　建築の最も重要な役割として、自然環境に対抗し得る環境を確保するという機能がある。そのため近代以降の建築は、必要とする空間の確保と経済性の充足とを満足するために、内部と外部の環境を切り離し、外部環境は必要な物質やエネルギーを取得し不要となったものを排出する場として割り切る、という趨勢にある。機械化や情報化の進歩は環境の分離をより確実かつ効率的に実現し、建築やその集合体である都市の質的・量的拡大に寄与している。

　しかし内部の空間の充足に偏った建築をつくり続けることは、人間のある瞬間における快適性・経済性への要求に対する局所的な過適応である。必要とする空間を効率よく得ることはできるが、一方で想定していた空間に対する要求そのものの変化や、周辺環境などの外的な変化に対して脆弱なものとなる。短期的な変化が予想されれば、一時的な対応を行う機械の導入や修繕で対応できる部分もある。しかし変化が長期的なものとなる場合、対応手段は死、すなわちエネルギーを費やした解体を行い、新たな建築を構築する、という無駄の多い過程を必要とする。このような周囲との関係を考慮しない個々の開発の集積は、外界へも影響を及ぼし、空間や都市の持続可能性を損なう結果となる。

変化にとり残される建築たち

　一方、建築を使い続けるにあたっては、時と共に失われていく秩序を維持するために修繕などの形で材料やエネルギーを供給し続ける必要がある（第1章）。それに加えて建築の置かれた環境を改めて評価し、不適切な部分があればそれを正すような変化を建築に与え、より適切な空間として固定させていくという活動も増改築という形で一般的に行われる。不適切と評価された機能・規模をそのままに使い続けることは利用者にストレスを与えるばかりでなく、不要な部分を維持するための資源が少なからず要求されるからである。しかし変化を建築に加えることは多大な経済的・時間的コストを要するため、必要な対応がなされない場合が多い。建築のライフサイクルや周辺への影響という観点からすると、適切でないまま、すなわち無秩序な景観・環境となってしまう場合が、現代の建築・都市には散見される。

成長可能性をシステムとして内蔵する

　建築に環境の変化が予め想定され、対応するための仕掛けがなされていれば、外部環境や空間要件の変化への対応を迫られた際に、空間のライフサイクルにおいて費やすエネルギー・環境への負荷や経済的・時間的コストなどをより低くすることが可能となる。建築を生命と同じく、物質／エネルギー／情報の流れの上に成り立つ動的平衡な状態に

あるシステムであるという観点からみると、それを維持できないほど大きく変化する環境のなかで自らを持続するために、中長期的に自らのありようを塑性的に変えていく戦略を、生命における〈成長〉に対応させることができる。

　生命における〈成長〉は、単なる物質から生命としての存在の立ち上げと、その後の時間の経過に伴う規模の増大、構造の発達などの不可逆な変容として観察される。規模の増大は、構成要素の個数の増加、あるいは大きさの拡大であり、それはたとえば多細胞生物における細胞分裂や植物の〈成長〉という場面で顕著に見られる。一方、構造の発達は、新たな形態や機能の発現による個体としてのありようの大きな変容であり、たとえば、動物の変態が象徴的な現象である。

　発生当初は単純かつ小規模で外部の影響を容易に受けてしまうような生命も、周辺環境から物質やエネルギーを取り込むことにより拡大発展し、外界の変化に耐えうるものとなる。ここで大きな役割を示すのは、変容や外部との〈相互作用〉を成り立たせるための手順＝プログラムと、その作用を受ける単位としての、自己と他者（世界）とを隔てつつ、（ある手順により）自己と他者との〈相互作用〉が可能である境界＝インタフェースである。プログラムは成長のソフトウェア的な側面であり、インタフェースはハードウェア的な側面に当たる。

マクロスケール／ロングスパンで建築デザインを考える

　ここでは、建築（空間）が変化のためのインタフェースとプログラムを潜在させ、中長期的な対応のため塑性的な変容を遂げた事例をとりあげる。

　「ガラスの家」は、モダニズムの原型建築を日本に直輸入したかたちで生まれた。当初は日本の気候とのミスマッチを負っており、時の流れに伴う家族構成の変化にも直面した。しかし、当初の枠組みは、拡張を支えるインタフェースとして機能し得た。建築空間の置かれた外的・内的環境の情報を読み取り、居住プログラムの変更を伴う大胆な改造を加えていくことにより、「ガラスの家」は現在も良い住み心地を提供するような成長を遂げ続けている。

　「羽田空港（東京国際空港）」もまた使われながら成長を遂げ続けている事例である。旅客数の増加・騒音問題という外的要因や、周辺システムの変化への対応を迫られたことを契機として、海という開かれた空間を利用した滑走路の沖合進出により規模拡大がなされた。しかしここで注目すべきことは、流れの分離と明確な境界の設定という基本的な空間のインタフェースを堅守し、大規模な拡大変容を経ても空港としての持続性を保っていることにある。

　「サグラダ・ファミリア」は、自然をモチーフとしたガウディの設計思想に基づき、造形が行われてきた。経済的な環境の好転がもたらした設計・生産システムの変化による急

速な完成への動きは、現状の要求への過適応を招いてしまうことが懸念されている。しかし、技術の進歩は「ガウディの教会」という同一性を損なわないための新たな造形・設計手法を提供し、設計思想をかろうじて保持する。未完成ながら既に持続性を発揮しているこの建築は、完成後においても持続し続けることを期待させる。

「九龍城砦」は成長と死が明確に見えた事例であろう。成立期には政治的緊張という環境下での人口の流入が建物を〈成長〉させるエネルギーであったと考えられる。居住空間の最大化というプログラムに基づき、空間拡大のためのインタフェースを駆使することにより、限定された建築可能空間の充填は極限に達した。しかし、いびつな過適応空間は、香港返還という外界の環境の変化に対応することができず、急速な死を迎えた。

一方、空間およびその機能を需要に応じて拡張するためのインタフェース定義である共通結合機構（CBM）と、それに基づく拡張システムを持つ「国際宇宙ステーション」は、〈成長〉を具現化した構造物として、現代においてのひとつの到達点である。ここでは、運用の終了を寿命とみなすことにより高次のプログラムである「死」までもが予め定められている。

「Fab Lab House」は、エネルギーを自ら創り出すことにより自らの維持にあてるという基本構想を持つ。そして、置かれる立地や環境（日照条件）に適応し先の戦略を満たす形態を予め設計し、設計情報をデジタルファブリケーション環境に伝えることにより、自律的な形態構築を実現している。さらにこの形態構築のための情報を広く共有することにより、「Fab Lab House種」ともいうべき建築の増殖・拡散をサポートする戦略にもなっている。

鉄道高架「ハイ・ライン」は、まちなかの移動・物流ルートをクルマのための道路とは別に確保するという使命をもっていたが、物流モードの変化に取り残され、忘れられていた。しかし近年、「まちを貫く、道路とは独立したルート」というインタフェースをもとに、歴史的な記憶の断片の維持と植物と構築物の共存とをプログラムとして、新たな公園的空間への変容を遂げた。この試みは単に既存の構造物を再利用したに留まらず、高さを高架に揃えた遊歩道の延長や高架の存在をもとにした建築など、新たな成長を誘起している。

これまで建築は完成させることが前提とされてきた。しかし、未完品を想起させる「成長する生命」として建築を捉えることにより、建築のライフサイクルのある時点において現状の環境への適応が迫られた場合でも、潜在的なプログラムやインタフェースを埋め込むことで変化へ対応するという発想が現実的になる。この発想を効果的なものとするためには、環境の変化とそれに伴い建物に投入されるであろう物質／エネルギー／情報について中長期的な見通しを持つことが、空間に関わる人々に対して求められる。

建築空間を生命における〈成長〉という面からレファレンスすることは、自然環境や地域性、さらに政治・経済などの社会の変化を含む広い意味での環境と、空間のライフサイクルとの関係をあらかじめ熟慮する機会となる。

01 サグラダ・ファミリア
1882年−｜スペイン・バルセロナ｜アントニ・ガウディ

時空間を超えて
成長し続ける自然界のコスモロジー

ガウディの死後数百年を要すると見積もられた世紀を超えた創造のリレーは、経済エネルギーの流入を基にした生産システムの変化によりその速度を破壊的に増大させ完成に近づいている。しかしこの建築は、未完成な状態であっても既に同一性と持続性とを維持している。

ガウディのインスピレーションの源泉は自然であった。自然をそのまま模倣することで、サグラダ・ファミリアの空間を形作る装飾をデザインしていった。装飾面だけでなく構造面においてもその概念は、応用されている。サグラダ・ファミリアの支柱には樹木形の構造が用いられている。これにより内部は、まるで森の中にいるような異次元の空間を創出している。ガウディは、表層的な装飾だけでなく、構造も含めて建築全体を自然界のコスモロジーとして実現させようとした。それは自然の模倣を超えて新たな生命空間を志向している。このガウディの基本的な構想が今も尊重され守られていることが、環境の大きな変化にもかかわらずこの建築がサグラダ・ファミリアという同一性を保ち得ている理由であろう。

遅くつくることで得られるもの

サグラダ・ファミリアは、1882年の着工以来、現在（2018年）に至っても施工中の建築である。アントニ・ガウディは、1926年にこの大聖堂の設計を全うできずにこの世を去っている。その後、ガウディの意思を継ぐ者たちが、わずかに残された資料を元にオリジナルの設計構想を推測するかたちで建設が進められてきた。しかしその原資は喜捨に頼るものであったために、1980年台前半までは財政難により細々と作業がすすめられているに過ぎない状態であった。構想の壮大さもあいまって完成までには300年を要すると予想されていた。

ところが工期は大幅に短縮され、現在の完成予定はガウディ没後100周年にあたる2026年とされている。工期の性急とも思える大幅な短縮の要因は、財政の充足にあると言われている。ガウディという建築家の再評価、観光地としてのバルセロナの認知、建物

の一部である生誕のファサードが2005年にガウディの作品群としてユネスコ世界遺産に登録される、などの効果によりサグラダ・ファミリア自体も観光資源となり、拝観収入・寄付は増加し財政は好転した。財政の充足、すなわち経済的エネルギーの流れの確立は現代の工法・材料の採用や近代的な施工機械の導入を実現し、設計図すら万全でない状態で行われていた設計・施工のスピードを飛躍的に向上させた。

また、設計工程へのIT（情報技術）導入も構築工程を加速した。ガウディのエスキスは、たとえば「逆さ吊り実験」での経験を元に、重力を合理的に支えつつ地上からの見上げを想定する、といった自然現象と真摯に向き合ったものであったが、これは施工に至るまで多くの時間と手間を要するものであった。そのような過程も3D-CADやCNC（Computer Numerical Control:コンピュータ数値制御）を用い、エスキスを画面上で行うのと同時に幾何的・構造的な検証等を行い、結果を模型として現出させることにより、推測される設計構想に基づくアイディアの検討と施工への反映を高速に行うことが可能となった。

一方で、生産環境の変化は、関わる人々のその時その時の局所的な目的に応じた要求への過適応を招きやすいという副作用がある。サグラダ・ファミリアへの新たな建築技術の導入においても、造形・構築を速め施工を容易にするために、石に代えコンクリートを用いるなど設計者の構想に必ずしもそぐわない工法や材料の利用を招き、明らかに異質な造形が成されているとの批判もある［図1］。

しかし、それでもなおこの建築は、新たにつくられた身廊の見上げの雰囲気［図2］、全体としてのフォルムなど基本構想を踏まえて造形が継続されており、たとえ石造からコンクリート造に変更されてしまったとしても、「ガウディによる教会」という同一性を保ち得ていると言える。ディティールに至るまでのエスキス（模型による試行）→施工→次の段階でのエスキス→……、という造形のためのフィードバックループを着実に回すことは、確かに時間も手間も掛かる過程ではあるが、設計者亡き後も建築全体のアイデンティティを確認するための有用な手法であった。そして現代の技術によって初めて、このような過程を短期間で多数繰り返し試行することが可能となり、設計者の基本構想を守るための着実かつ迅速な検討を行う工程が現実的なものとなった。

未完の建築が築く風景・心象・愛着

サグラダ・ファミリアは、未完とはいえガウディが生前直接関わった部分など一部は既に造り上げられ、教会建築として実用に供されてきた。そして修繕・補修も日常的に行われ、完成に近づいている。全体的な空間の造形についてはガウディの基本的な設計構想が基本プログラムとしてあり、それが建築全体の同一性の拠り所となっている。この様相は、生命における〈成長〉と共通するものがある。これを単に施工中の建築として捉えると、

図1：新旧ディテールの差異が明瞭な箇所

図2：身廊見上げ。樹木状の意匠は力を分散する構造となっている

完成を意識せざるを得なくなり、過適応の袋小路に入り込む危惧がある。しかしこの建築は技術の進歩により圧縮された時間をもガウディの構想を再現・展開するための検討に用いることにより、同一性を維持しつつ着実な施工が続けられている。建築は未完成であっては困るのだが、周辺との関係も考慮した健全な同一性を維持するには、試行検討を繰り返すなどある程度の〈成長〉のための時間が必要となる。幸いにして、現代の技術はそのための時間を圧縮してくれるほどに進化した。

　自然が常に〈成長〉し続けるのと同様の姿を、人はこの自然を模した未完の建築に見ているのかもしれない。

参考文献
外尾悦郎『ガウディの伝言』光文社、2006
田中裕也『実測図で読むガウディの建築』彰国社、2012
家入龍太「未完のサグラダ・ファミリア、IT駆使で工期150年短縮」『日本経済新聞電子版』2014.12.5（http://www.nikkei.com/article/DGXMZO79896760Z11C14A1000000/）

02 羽田空港
1931年｜日本・東京都｜−

成長を支える不変の機能
流れの分離、そして開かれた強固な境界

羽田空港は、日本経済の発展と共に〈成長〉を続けている。 成長過程でその形は大きく変化しているが、システムの機能が失われたことはない。 このような「成長と機能維持の両立」を支える仕組みが、出発と到着の「流れの分離」であり、高いセキュリティを確保しながら搭乗客を受け入れる「開かれた強固な境界」である。 生命とも共通するこの仕組みこそが、羽田空港のダイナミックな流れとその持続性を生み出している。

人間の全身に隙間なく広がっている血管。これらを毛細血管まで含めてすべてをつなぎ合わせると、その長さは10万kmにも及ぶといわれている。私たちの生命活動を支えるインフラとしての血管には、大きく動脈、静脈、毛細血管に分けられる。動脈から心臓は全身の臓器に酸素や栄養分を運び、静脈は働きを終えた血液を心臓に送り届ける役割を担っている。健康な状態では、動脈と静脈の流れはきちんと分離されているが、血管は決して「隙間なくつながれたパイプ」ではなく、酸素、栄養、あるいはさまざまな老廃物を出し入れすることができる開かれたインフラなのである。この「流れの分離」と「開かれた境界」という機能は、この世に生まれ、子どもから大人へと成長し、そして最後の時を迎えるまで、決して変わることはない。

経済成長と共に〈成長〉する国際空港

　1931年、多摩川の河口にひろがる埋立地に、羽田空港の前身である「東京飛行場」が開設された。そして、1952年、進駐軍に接収されていた「東京飛行場」は、日本に返還されることになり、「東京国際空港（通称、羽田空港）」としての誕生を迎えることになる［図1］。
　そのときから羽田空港は、戦後日本の経済発展とともに、〈成長〉を続けている。1955年、松田平田設計事務所の実施設計により、延べ床面積およそ2万4千m^2の初代ターミナルビルが開館した。このターミナルビルは、留まることのない旅客の増大に対応するため、1993年までのおよそ40年間、増築・改築を繰り返しながら使われ続ける。ターミナルビルの増改築と並行して、新たな埋め立てによって空港面積は拡大を続け、滑走路の拡張工事も継続的に行われた。1961年には、A滑走路と併行するC滑走路が新設された。また、1964年にはJR浜松町駅と結ぶモノレールも開通し、華々しい東京オリンピックの開催とともに、日本の成長を世界に印象付けた。そして、ジェット旅客機の時代を迎える中で、空港施設の拡充がおこなわれ、B滑走路の延長などを経て、1971年には3本の滑走路を持つ羽田空港の原型ともいえる姿へと〈成長〉を遂げた。
　その後、国内旅客数の増加、市街地に近い滑走路の騒音問題などを受けて、羽田空港では1981年から沖合展開事業が開始された。2期に渡る沖合展開事業を経て、1993年、梓設計＋松田平田設計事務所＋日本航空コンサルタンツの3社JVの設計による延べ床面積29万m^2、南北ウィングの最大幅840mとなる第1旅客ターミナルビル「ビッグバード」がオープンした。沖合展開事業はその後も継続され、1990年からの第3期工事を通じて、1997年の新C滑走路、2000年の新B滑走路の新設と着実な〈成長〉を遂げ、2004年には、松田平田設計＋NTTファシリティーズ＋ペリ・クラーク・ペリ・アーキテクツジャパンJVが担当した約18万m^2の延べ床面積を持つ第2旅客ターミナルビルがオープンすることになる。さらに、2010年には梓設計＋ペリ・クラーク・ペリ・アーキテクツジャパン＋安

生命に学ぶ建築　111

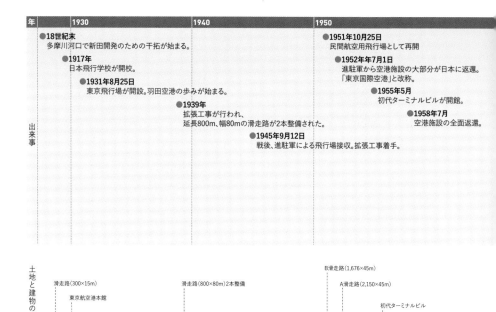

図1：羽田空港の成長の記録

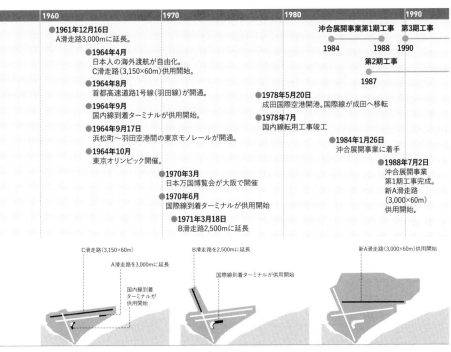

- **1961年12月16日**
  A滑走路3,000mに延長。
- **1964年4月**
  日本人の海外渡航が自由化。
  C滑走路(3,150×60m)供用開始。
- **1964年8月**
  首都高速道路1号線(羽田線)が開通。
- **1964年9月**
  国内線到着ターミナルが供用開始。
- **1964年9月17日**
  浜松町〜羽田空港間の東京モノレールが開通。
- **1964年10月**
  東京オリンピック開催。
- **1970年3月**
  日本万国博覧会が大阪で開催
- **1970年6月**
  国際線到着ターミナルが供用開始
- **1971年3月18日**
  B滑走路2,500mに延長
- **1978年5月20日**
  成田国際空港開港。国際線が成田へ移転
- **1978年7月**
  国内線転用工事竣工
- **1984年1月26日**
  沖合展開事業に着手
- **1988年7月2日**
  沖合展開事業
  第1期工事完成。
  新A滑走路
  (3,000×60m)
  供用開始。

沖合展開事業第1期工事 1984 第2期工事 1987 第3期工事 1988 1990

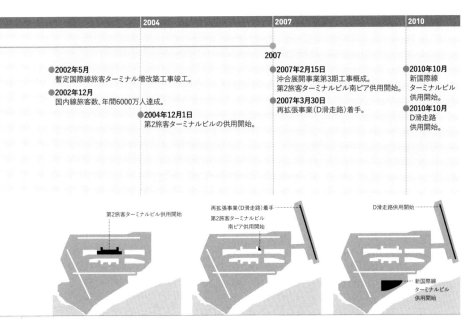

- **2002年5月**
  暫定国際線旅客ターミナル増改築工事竣工。
- **2002年12月**
  国内線旅客数、年間6000万人達成。
- **2004年12月1日**
  第2旅客ターミナルビルの供用開始。
- **2007年2月15日**
  沖合展開事業第3期工事概成。
  第2旅客ターミナルビル南ピア供用開始。
- **2007年3月30日**
  再拡張事業(D滑走路)着手。
- **2010年10月**
  新国際線ターミナルビル供用開始。
- **2010年10月**
  D滑走路供用開始。

井建築設計事務所JVによる延べ床面積約16万m²の新国際線ターミナルビルがオープンし、D滑走路の供用も開始された[図2]。

〈成長〉が変質を引き起こす

　羽田空港全体をマクロに俯瞰した〈成長〉に加えて、建物レベルをミクロに観察した場合にも、〈成長〉を見て取ることができる。具体的には、羽田空港第2ターミナルビルは2004年12月に最初の供用が開始された。その後、2007年2月の南ピア、2010年10月のターミナル本館南側拡張部分、2013年4月の南ピア3スポット増設、と3回にわたって増築を繰り返しながら航空需要の拡大に対応してきている。この間も、羽田空港第2ターミナルビルというシステムが担っている機能は決して失われることはなかった。

　これまで振り返ってきたように、羽田空港が日本の玄関口として誕生してから、永い年月が経過している。空港を離着陸する飛行機やそれらを支える航空管制システムだけでなく、羽田空港と関わるさまざまなシステムが60年前とはまったく異なる姿へと変化を遂げている。このような自らのありようそのものを不可逆的に変えていく〈成長〉こそが、激しく変化する環境の中で持続していくための確かな戦略なのである。

図2：新国際ターミナルビル

〈成長〉を可能にするふたつの主構造

　今もなお〈成長〉を続けている羽田空港が、60年前から変え続けることなく維持する機能が2つある。その1つは、「到着」と「出発」という人の「流れの分離」である。

　物質／情報／エネルギーの絶え間ない流れである生命においても、その流れは決してでたらめなものではなく、血管の動脈と静脈のように明確な目的のために秩序を維持し続けるものなのである。この「流れの分離」こそが、生命の持続の根幹をなす機能の1つである。生命がそうであるように空港建築においても、「流れの分離」こそがいつの時代においても空港が満たし続けるべき重要機能であると考える［図3］。

　そしてもう1つ、〈成長〉する生命と空港建築との共通点を挙げるならば、それは「開かれた強固な境界」であると言えるだろう。生命は、「物質」、「情報」、「エネルギー」のやりとりのために外部に開かれているが、そこには「細胞膜」、「皮膚」といった明確な境界が存在している。羽田空港などの空港建築も同様に、外部に開かれながらも、その境界は非常に明確で、そして強固なものとなっている。出発保安検査場、出発ゲートなど、世界中のどこの空港に行っても、形態の違いこそあれ、「開かれた強固な境界」が同じように機能している。

　この「流れの分離」と「開かれた強固な境界」という、生命と共通する2つの機能を兼ね備えた羽田空港は、生命がそうであるように、持続可能な「生命化」された建築として今もなお〈成長〉を続けている。さらに時が過ぎ、22世紀を迎えたときにも、羽田空港

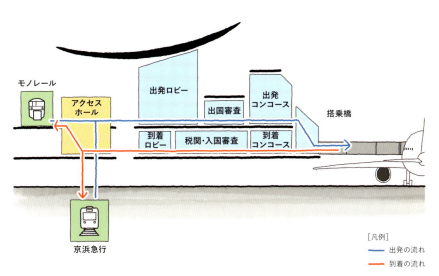

図3：「出発」と「到着」の「流れの分離」

は存在し、日本の玄関口として機能し続けているはずである。おそらく、そのときの羽田空港は、現在とはまったく異なる姿になっているに違いないが、それでもなお「流れの分離」と「開かれた強固な境界」という2つの機能は維持されているに違いない。

現在、渋谷駅や横浜駅など、大規模なターミナル駅で大掛かりな改修工事が進んでいる。これらの改修工事が進められている駅では、道に迷ったり、エスカレータが閉鎖されて困ったり、ということが日常的に起きている。拡張を続ける羽田空港と比較すれば、ダイナミックな流れを持続するシステムが如何に重要であるかが分かるだろう。ダイナミックな流れの維持は、交通インフラに留まらず、まちなか、商業施設、医療施設など私たちの生活に不可欠なシステムの更新において欠かすことができない機能であり、生命にこれを学び展開していくことが強く求められている。

参考文献
植田実「「出発」と「到着」の造形（特集：シティ・ターミナルの空港建築）」『SD』362、pp.164-166、1994
山田忠史、伊藤祥展「旅客流動シミュレーションを用いた空港旅客ターミナルの窓口施設規模の最適化」土木計画研究・論文集19、pp.665-671、2002
衣本啓介「羽田空港の歴史」『地図』Vol.48 No.4、2010
『建築画報｜特集：東京国際空港──新たな羽田 更なる飛躍』Vol.46 No.342、2010.11

03 | 九龍城砦
1950年代 – 1993年 | 中国・香港 | –

無秩序から空間を導いた
成長のインタフェース

かつて香港・九龍地区に存在した巨大な立体スラム街、九龍城砦。制限された領域内での最大限の居住空間を確保するために、付属構造を拡張し連結する独自の手法により空間が充填され、超高密度空間が形成されていった。しかしプログラムなき空間は最終的に死（撤去）に至った。

九龍城砦は、かつて香港・九龍地区に存在した巨大なスラム街である。
　この地域は1898年に始まる香港の英国租借から外れ清国の飛び地化したものの、清国の影響が排除され中国側の政治体制が変転する過程で中英双方とも手出しできず無政府状態となった。第二次世界大戦終了と中華人民共和国成立前後の混乱の激化により城跡に難民が流入し、難民を収容するアパート的バラック街が形成された。その後1970年代に高層RC建造物（ペンシルビル）が相互に密着するような形で多数建築された[図1]。個々の建物の大型化が進むにつれ、さらに床面積を拡大するために、建物外に後付けされたベランダや出窓に相当する籠状の構造物を拡張して建物相互を連結するといった動きも現れ、建物間の隙間が廊下や可住空間により充填されていった[図2]。旧城壁内という平面的な制限と空港の存在による高さ制限が制約条件となり、流入した人間を納め得る最大限の空間を内側に向けて求めていった結果、階高が異なる・互いに支え合う無秩序な建造物の集合はやがて特徴的な風貌を持つ高密度なメガストラクチャーとなった。個々に作られた室・建造物が連合し強固で大きな形状を構成する様子は、珊瑚などの群体を連想させる。

外環境を無視した閉鎖的過適応が破滅を招く

　生命においては「酸素を最大限吸収できる」「太陽光を最大限受けることができる」といった要求条件＝ルールが生き残る形状を決める要素となる場合がある。これを九龍城砦の現象へ対応させると、細胞にあたる居住空間を最大にしたいという人間の要求が形態決定ルールとして働いた、ということになる。このような要求が生じた背景には、社会の混乱に巻き込まれ流れ込んでくる多くの人々を受け入れねばならなかったという事情がある。一方で、一般的な建築空間の構築において考慮される快適性や明快性は、生存のためのルールでないとして切り捨てられている。類似する高密度空間として知られる端島（軍艦島）において、企業や住民組合による計画性すなわち高次のプログラムの存在が空間を制御し、快適性や秩序が保たれたシステムを形成していたことと対照的である。

　1987年に香港政庁は九龍城砦を取り壊し、住民を強制移住させる方針を発表する。1991年から住民の立ち退きが段階的に進められ、九龍城砦自体は1993-94年にかけ、わずか10カ月の工期で解体された。立ち退きが開始されてからの推移が急速だが、これには飲料水の供給をはじめとするエネルギー循環に限界を来していたことが大きな理由であると指摘されている（八束ほか、2011）。

　九龍城砦は、人間という建築空間にとってのエネルギーおよび情報と見なせる存在が、空間の大きさという制約下に集中した場合におけるひとつの大規模な空間成長の事例である。そして〈成長〉のための高次のプログラムを欠くこの空間が、政治体制とエネルギー

図1: 密着する建物の様子。階高の相違、貼り付く籠状構造物も観察できる

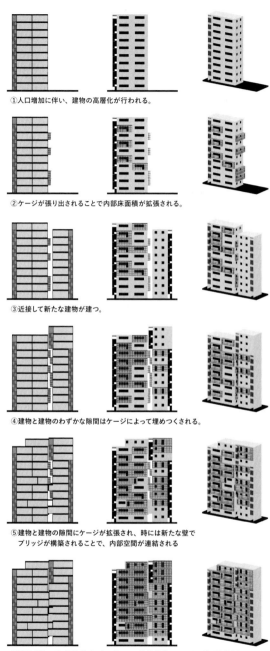

図2：建物が連合していく過程

という外部環境の変化により呆気なく地上から消え去ったことは、あたかも環境に過適応した生物が環境の変化に新たな対応を見いだせず滅ぶのと同様な印象を受ける。その盛衰に鑑みて極めて生命的な空間であると考えられる。

参考文献
八束はじめ、URBAN PROFILING GROUP『Hyper den-City——Tokyo Metabolism 2』INAX出版、2011

04 | ガラスの家
1965年－|日本・神奈川県|渡邊明次

時間とともに可変を許容する柱のないユニバーサルスペース

ミースから伝承された鉄とガラスによる柱のないユニバーサルスペースにより、時間とともに変化し、家族のライフニーズや自然環境の変化に適応する住空間へと〈成長〉する住宅。

ここでは「建築空間の生命化」を空間の柔軟性から解く。ガラスの家は、アメリカでミース・ファン・デル・ローエに師事し、ミースの設計事務所で働いた経験をもつ渡邊明次が、日本に帰国してつくった実験住宅である。8本の鉄の柱で支えられたガラスの家は、内部に柱のない大きな居住空間を可能にしている [図1]。

しかし、ガラスと鉄でできたこの家は、外部環境の影響をそのまま内部に受け、建設当初は夏暑く、冬寒いという、およそ日本の風土に適合しないモダン住宅であった。ちなみに、竣工時は1階がピロティで2階がほぼワンルームの住居になっており、さながら空中に浮かんだガラスボックスのような様相であった [図2、3]。

その後1970年代に入ってから、2度ほど大きな増改築を実施した。最初は、家族の増員とともに、ピロティであった1階に寝室やバスルームなどの居住空間を増築した。2度目は、居住空間の光熱費を改善するために日除けとして庇を伸ばし、将来的にルーバーを設置することも考えて、建築全体を囲うように軽いフレームを設置した。内部空間においてもカーテンに換えてブラインドと障子を付け足すことで、住環境の調整を可能にした。さらに、モダニズムを象徴する白い外装はメンテナンスのしやすさのため、黒色へと塗り替えられた。生物が生存のために姿形や色を変化させて環境に適応するように、ガラスの家はこれらの建築的手法を用いることで、環境に適応する住み心地のよい住宅へとその様相を変え、進化・改良を遂げていった [図4]。

状況が要請した〈成長〉が結果的に生んだ生命化空間

一般的な日本の民家は特に水平方向に増改築ができるようになっているが、ガラスの

図1：建設当初のガラスの家（1965）
柱が梁の外側に溶接により接続されている

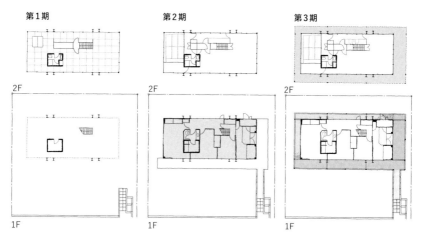

図2:ガラスの家の増改築変遷

図3:建設当時のリビングルーム(1965)
窓面はカーテンで覆い大きなワンルームとして設計されていた

図4:増改築後のリビングルーム(2002頃)
窓面はブラインドと障子が設置され気候の変化に合わせて調整しやすくした。室内はいくつかの部屋に仕切られた

　家は垂直方向に、しかも下方向に増築されていったところに特徴がある。ピロティをもつ2階部から建てられたこの家は、もともと家族とともに〈成長〉できるようあらかじめ設計されていたわけではなかった。だがこの家は、ミースのファンズワース邸から引き継いだ究極のユニバーサルスペースを実現させていた。ファンズワース邸でミースは、構造に邪魔されない自由度の高い住空間を実現するために、鉄骨溶接の工法を使った。この工法は、吊り構造の橋などに使われる橋梁技術で、それまで柱をむき出した建築ではあまり使われてこなかった技術である。ミースは、これをファンズワース邸に応用することで、通常であれば「柱は梁の直下」にあるものを、「柱を梁の外側」に設置し、柱のない内部空間、すなわちユニバーサルスペースを革命的に実現した。

　ガラスの家でも、この鉄骨溶接工法を用いて8本の柱を梁の外側に設置することにし

た。しかし、担当した製鉄所が当時日本で初めての試みであることから、溶接だけでは不安であると考え、ハイテンションボルトも併用して柱を梁に接続させている[図1,5]。

いずれにしても、これにより室内空間には柱はなく構造体を気にせず自由に内部空間をオープンにしたり仕切ったりできる、柔軟性の高い空間をつくることができた。これが高度な可変性を潜在的に持ち合わせる家へと結果的に導いた。

そのため増築時には構造体を気にせず、グランドレベルを50cm程度掘り込み1階をそのまま拡張し、(あらかじめ設計されていた1、2階を貫くコア以外は)必要に応じて自由に部屋を仕切ることができたのだ。グランドレベルを掘り込んだことにより地熱を室内に取り込むことができ、1階に設計した寝室は冬暖かく夏涼しい居住空間につくりかえることができた。

環境と居住者に適応するための〈成長〉

このようにガラスの家は、家族員の増加や子どもの成長など家族環境の複雑さが増していく中で下部のピロティ空間を活用して住空間を増設し、居住プログラムそのものを改編するというシステム変更の戦略をとり、環境の変化に適応していった。つまり家が〈成長〉したのである。

その後この家は、2015年に家族が都内の別の住居に移り、現在は輸入じゅうたんの販売を営む会社のショールーム兼経営者の住居として使われており、新たな建築のステージを迎えている。住宅建築は、竣工したときに完成されるものではない。時間とともに、家族の暮らし方やライフニーズなど内部環境の変化や、自然環境による外部環境の変化に適応するために、最適化を求めて進化・成長する。ガラスの家は、鉄骨とガラスによるそのフレキシブルな空間構造により、時間とともに変化し、家族のニーズや自然環境の変化にフィットする住空間へと成長する空間生命化を実践した例といえる。

参考文献
『住宅建築』4月号、建築資料研究社、1998
『住宅建築』7月号、建築資料研究社、2002
都市住宅編集部『建築家の自邸』鹿島出版会、1982
『建築文化』12月号、彰国社、1965
渡邊明次『ミース・ファン・デル・ローエの建築言語』工学図書、2003

図5：第2期建築後のガラスの家。ピロティ部に1階を増築した

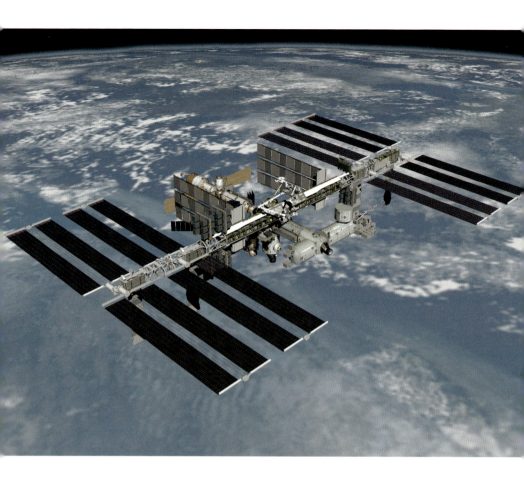

05 | 国際宇宙ステーション
1999–2011年｜宇宙

先端に成長点を持つシステム

国際宇宙ステーション (International Space Station : ISS) は、植物のように先端に「成長点」を持つシステムである。そしてこの「成長点」を活かしてISSは誕生から20年ほどの歳月の中で重量にしておよそ16倍に成長しており、それはあたかも3,000gほどの体重で生まれた赤ん坊が50kgの成人へと成長したかのようである。ISSは生命に学ぶシステムとして確かな成長を遂げた、類いまれなシステムである。

多くの生命体では、システムを〈成長〉させるために、❶細胞の数を増やす、❷一つひとつの細胞を大きくする、という2つの過程を組み合わせている。とくに、他の生物以上に体を大きくすることが重要な植物では、この2つの過程を時間的・空間的に分けながら、外部環境に応じた成長を実現している。植物が採用する「先端成長」という仕組みは、成長点と呼ばれる部分に細胞の数を増やす過程を集中させるものである。この仕組みにより、そのときの光の方向や量など状況に応じた成長を実現している。

　このような観点で、「生命に学ぶ建築」における〈成長〉を考えるとき、国際宇宙ステーション（ISS）は、その代表的な事例と考えられる。

ISSの成長記録

　ISSは、1982年のNASAによる概念設計から始まる。日本を含む世界各国の協力のもとにさまざまな課題を乗り越え、1998年にISS最初の構成要素である「ザーリャ」（基本機能モジュール）が打ち上げらた。この「ザーリャ」は最大直径4.1m、全長12.990m、総重量

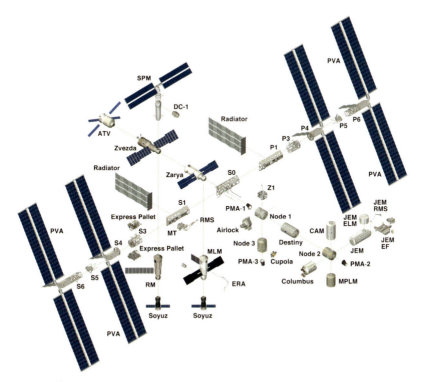

図1：ISSを構成するモジュール

生命に学ぶ建築　127

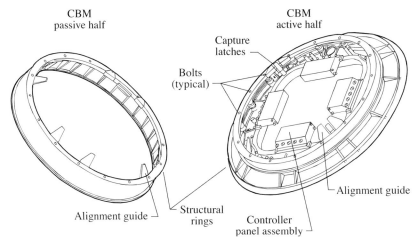

図2：成長点としてのCBM（左：パッシブCBM／右：アクティブCBM）

24.968tのモジュールである。その後、2003年のスペースシャトル・コロンビア号事故を受けてISS組み立ては一時中断されていたが、2006年から組み立てが再開されている。現在は、実験モジュール4棟、結合モジュール3棟を中心にさまざまなモジュールが組み合わされ、寸法約108.5m×約72.8m、重量約400t、全与圧部容積935m³までに成長を遂げている［図1］。

構想が打ち立てられた1980年代から現在までの30年あまりの時の流れの中で、科学や技術は急速な進展を遂げ、社会や経済の状況も大きく変化している。ISSに求められる役割や機能も、当初の想定を超えて拡大しているものと推測する。短期的には、個々のモジュールが備えている変化に「適応」するための機能を活かして、さまざまな任務の遂行に活用されている。しかし、「適応」するだけでは対処しきれない大きな変化を迎えてもなお、ISSが人類の夢と希望を背負って活躍し続けていられるのは、とりもなおさず〈成長〉を遂げているからである。

成長を可能にするディテール

ISSにとっての「成長点」は、共通結合機構（Common Berthing Mechanism：CBM）と名付けられた仕組みである［図2］。CBMは各モジュール間を結合するために開発された結合機構であり、これによりモジュール同士は与圧環境が保たれた状態での宇宙飛行士や物資の通過が可能となる。このCBMは、モータの駆動で結合動作をおこなうアクティブCBM（Active Common Berthing Mechanism：ACBM）と、結合動作を受動する側であるパッシブCBM

(Passive Common Berthing Mechanism：PCBM)が対になって機能する。

　ISSは2011年に完成、すなわち〈成長〉を終えて、当初の計画を延長して2020年まで運用することが計画されている。その先には、宇宙空間に暮らすことが当たり前になる時代が必ず来るだろう。そんな未来に向けて、大きく成長したISSのさらなる活躍に期待せずにはいられない。そして、すべての生命体がそうであるように、〈成長〉の先に待っている「死」をISSがどのように迎えるのか。「生命に学ぶ建築」を考えていく上で、2020年のその瞬間は大きな意味を持つ。

参考文献
若田光一『国際宇宙ステーションとはなにか——仕組みと宇宙飛行士の仕事』ブルーバックス、2009
『国際宇宙ステーションのすべて』洋泉社、2013
"Reference guide to the International Space Station", NASA, 2015

06 | Fab Lab House
2010年 | − IIaaC、MIT CBA

増殖・拡散を促す新たな成長モデル

太陽光を浴び植物が生長するように、再生化のエネルギーを取り込むために最適化されたフォーマット（形態）をIT技術により模索し、更にはそのデータを複製・拡散することにより増殖・拡散を可能とする。

Fab Lab House は Solar Decathlon Europe 2010 において IaaC (Institute for advanced architecture of Catalonia) と MIT CBA (Center for Bits and Atoms) により提案された、建築内消費エネルギーの自給自足を可能とすることをコンセプトとした住宅のプロトタイプである。

テクノロジーの発展とグローバリゼーションが〈成長〉を可能にする
　生命が成長の過程で形態変化を行うのは、生命の原動力となるエネルギー摂取を目的としているものが多いと考えられる。一方、非生命である建築物においては、形態形成の際に運用時のエネルギー摂取に注目することは過去にあまりなかった。Fab Lab House は

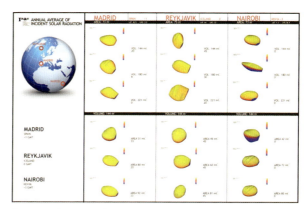

図1：パラメトリックモデリングシステムによるロケーションに適応したモデリング

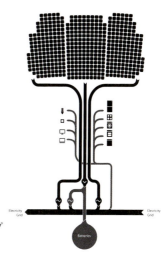

図2：Fab Lab House のコンセプトダイアグラム

生命に学ぶ建築　131

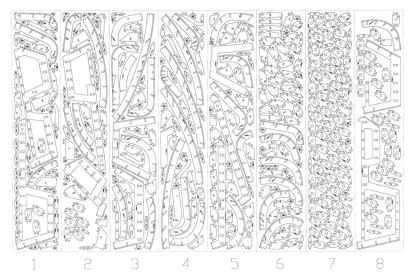

図3：平面化された3次元データ(CNC切断データ)

その主たる形態を外的環境要因(たとえば、図1の場合は経緯・緯度などの位置情報からの太陽光の投射率)をデータ化し、そのデータに基づき形態を最適化している。

　また、Fab Lab Houseは、形態の最適化のみならず住宅内で消費される電力の流動性も生命体からヒントを得ている。たとえば、樹木が光合成により太陽光を自らのエネルギーに変換し幹を通し体内に分配し種を宿すシステムをレファレンスしている［図2］。三次元曲面に設置された特殊加工の湾曲性太陽光発電パネルにより太陽光を電力に変換し、構造体に巡らされた有線・無線のネットワークを用いて分配する。過剰な電力はバッテリーに蓄えることができる。そして、このシステムを用いながら、消費電力を大幅に減らすことにより、外部からのグリッドによる電力供給なしで自立して機能することができる。

設計手法すらも〈成長〉する

　しかしそれ以上に興味深いことは、そのアルゴリズミックデザインやデジタルファブリケーションに基本をおく自己構築性にある。Fab Lab Houseの特殊な形態は、Rhino3D［★1］のパラメトリックモデリングプラグインであるGrasshopper［★2］と太陽光シミュレーションソフトEcotect［★3］とを連動させることにより形態解析をその位置・立地条件において行い、その表面積が最大限になる様に形態変化させることによるものである。エネルギー摂取・利用に関する情報を用いた自己分析を行い、その分析を元に形態を変化させることは、いわば生命の成長システムを取り入れた建築デザインである。

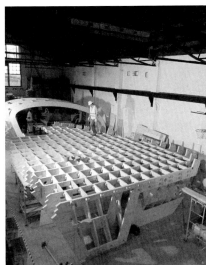

図4：Fab Lab House の建設

　また、このパラメトリックモデリングデータの共有化に基づき、世界各地のエネルギー事情に適応した形態創出［図1］と、デジタルファブリケーション技術の活用による建設の実現［図4］も可能となる。データとして共有されるものは三次元データを平面化したものであり［図3］、CNC (Computer Numerical Control)切断機を用いた積層木版等からの切り出しを目的としている。切り出された部材は統合のための取り合いの形状などがある程度標準化され、特殊な機材・技術などを必要とせず、最低限度の建設能力での構築を可能としている。

　Fab Lab Houseは建築という非生命体を生命体に近づけるために、コンピューターの情報処理制御能力を活用することによりエネルギーのバランスを確保し、生命が行う新陳代謝のごとく室内を常に最適な環境に保つリアルタイムモニタリングシステムを導入している。また、環境に応じた自己分析による設計と自動的な構築のプロセスにより、生命体の成長・増殖を模した適応の能力を備えている。これらのシステムにより、Fab Lab Houseは、単純な形態定義による生命の模倣を超え、変化しつつ増殖していくという成長を遂げている。

★1——McNeel社による3Dサーフェースモデラー(三次元CAD)。
★2——Rhino3D上で3D形状をアルゴリズムによりプログラマブルに生成するためのビジュアルプログラミング言語環境。
★3——Autodesk社による建物環境性能解析・シミュレーションソフトウェア。

07 | ハイ・ライン
2004年– | アメリカ・ニューヨーク | フィールド・オペレーションズ、ディラー・スコフィディオ+レンフロ

廃線になった高架が
植物で彩られた線状公園に成長

かつて鉄道の線路として使われていた高架が時代を経て、都市のオアシスとしてダイナミックに変貌を遂げた。都市の中を緑に塗り替えるハイ・ラインは廃線になった高架を活用しながら、植物と人々の憩いの場が融合するスカイラインへとさらに〈成長〉し続けている。

ニューヨークのウェストサイドのダウンタウンに、2009年、高架都市公園が誕生した。この高架都市公園の基盤になっている「高架」は、その昔、鉄道交通を支えた高架である。かつては産業を支えていた都市の背骨が、時代を経て人々の生活を支え、豊かな都市生活を提供する。

近代産業遺産活用の先駆けとして

　ハイ・ライン周辺は、昔から工場や市場がある地域で、交通の要となる地域であったこともあり、1847年にニューヨーク市は車道（馬道）と鉄道の併用軌道を建設した。当時は馬も同じグランドレベルを走っており、貨物列車により多数の事故が発生していた。このため、1929年頃に高架鉄道のハイ・ライン建設を含む改良計画が動き始めた。その結果ハイ・ラインは1934年に開業し、当初はスプリングストリートにあるセントジョンズパーク・ターミナルを結んでいた。高架鉄道は、道路に沿う形ではなく街路の中央を通り抜けるよう敷設されていたため、直接工場や倉庫に接続して、建物の中に列車が入り、さまざまな食物を輸送することができた。

　しかし、1950年代に入ると、高速道路を使ったトラック輸送が主流になり、鉄道による貨物輸送は衰退していった。1960代に入るとハイ・ラインの南端区間は廃止され、さらに1980年代になるとハイ・ラインは全面的に廃止された。

　1980年代中頃には、高架線下の土地所有者らにより路線の撤去を求めるロビー活動が始められる。その後、撤去か保存か、都市を巻き込む大議論に発展したようだが、1999

図1：以前使われていた鉄道のレールは記憶のオブジェとしてハイ・ラインのエクステリアを象徴するデザインアイテムになっている

図2：鉄道のレールは、可動するストリートソファーのレールとして利用されている

図3:ハイ・ラインの敷地マップ

図4:高架都市公園となったハイ・ラインをまたぐ形でホテルなどの建物が建設されている

年にハイ・ラインの保存とパブリックスペースとしての再利用を主張する非営利団体フレンズ・オブ・ハイ・ラインが設立され、保存運動に拍車がかかった。2004年にはニューヨーク市から公園計画のために5000万ドルの資金を獲得し、2006年にはハイ・ラインを公園にするための工事が始められた。

記憶を継承するデザイン

　再生されたハイ・ラインには、かつて廃線路に生育した野草に敬意を表して、多くの植物が意図的に育成されている。線状につながるハイ・ラインには、所々に座ってニューヨークの景色を眺めたり、読書をしたりできる椅子やソファー、ちょっとしたイベントが行える広場など、日常的なアクティビティを豊かに支援する環境が仕掛けられている。

　ここでのデザインテーマは、植物と歩道による「アグリテクチュア」である。すなわち「自然と建築素材とを「変化し続ける比例関係の混成物」としてとらえ直すことで、自然のもの、栽培されたもの、親和性、そして社会性を同時に内包しようとする」まさに「持続のための戦略」であると言う。

　あちらこちらに線路などかつて鉄道を支えた記憶の断片が残され、時間と空間を越えたこれまでにない魅力的な都市のプロムナードがここに構築された。

図5:マンハッタンのダウンタウンを一望するハイ・ライン

「ハイ・ライン」から「スカイ・ライン」へ──新しい風景の創出

　そしてこのプロジェクトは、何期にもわたり工事が引き続き行われ、今もなお〈成長〉し続けている。歴史的な高架の高さは守りながら、植物と人々の行為を支援するパスは、その割合や内容に多様性を持ってドラマティックな展開を織り成す。たとえば、あるパスはベンチが連立していたり、あるパスは水を薄くひいて水と戯れるウォーターパスへと展開される。それらは地面からつながったデザインコードを用いて、流動的なシークエンスとしてパス上に有機的に現れ、消えていく。また、かつて高架がなかったところに新たな高架を構築すべくパスは〈成長〉し続けている。地上を水平方向に伸び、その先端や途上に新たな環境を整え、周囲に実りある豊かさを提供する様は、横走根により栄養繁殖する植物（ガガイモなど）を想起させる。

　さらに、2014年より計画されている「ハドソン大通り66番地──ザ・スパイラル」では、ハイ・ラインの緑の空間を空に向かって螺旋を描くように、拡張しようとする試みが行われている。

　このザ・スパイラルは、ハイ・ラインとマンハッタンの西部に新たに開発されたハドソン・パークが交差する場所にあることからこのようにこれまで水平上に〈成長〉してきたハイ・ラインを、垂直方向に〈成長〉、発展させる計画になっているようだ。約306mの高層ビ

ルはハイブリッド構成をもち、各階でオフィス空間と連続する緑のテラスや通路が絡み合い、ハイ・ラインのデザイン概念を引き継ぎ、仕事環境と自然が融合する新たな都市空間を創出しようとしている。

　一度は廃線にまで追い込まれたハイ・ラインは、「ハイ・ラインからスカイ・ラインへ」のスローガンとともに、都市を緑に塗り替える時空を越えたラインへと〈成長〉しようとしているのである。

参考文献
『a+u』2010年5月号、エー・アンド・ユー、2010
『a+u』2016年5月号、エー・アンド・ユー、2016

第4章
再生

存在するだけで増大するエントロピー

　建築デザインの発展におけるひとつの方向性は、その機能の恒常性と永続性にあった。日々の天候や季節による気候変動、有害な他の生物などを制御し、長期間、環境を常に望ましい状態に保持する。かつ、その状態を長期間にわたって維持する。このような建築の機能の供給は、人類の歴史の大部分においてその需要を十分に満たしきれているとはいえなかった。しかし、すでに人類の過半数が都市に暮らすようになった現代においては、建築機能の供給が需要を上回る場合が発生している。たとえば、人口が減少に向かいつつある日本においては、地方の過疎化が進んでいる。その結果、利用者の減少に伴い公共交通や医療機関などの生活インフラの維持が困難となり、中心市街地の活性化などの構造転換が求められている。このように、建築機能への需要は社会および個別の利用者の状況に応じて変動する。機能を維持するために、十分な需要がなければ、十分な材料やメンテナンスの人的コストを供給することができなくなる。結果的に、建築機能の持続可能性に課題を生じさせるのである。

空間を専有し続ける建築

　このような需要の変動に対して、既存の建築デザインはどのように対応してきたのだろうか。たとえば、学校において夏季のみ利用されるプール設備や、原宿駅で正月の明治神宮への参拝者のみに開かれる臨時ホームなどがある。いずれも、必要とされる時期以外は閉鎖され、電気などのエネルギーの利用もなされない。一方で、それらの物質的としての建築は、空間を占有し続け、汚れや構造の劣化などの物質的なエントロピーが増大するために継続的な資源供給が求められる。さらに、建築が劣化して十分に需要に対応できないと判断されるか、需要を満たすために必要なメンテナンスが不可能となった場合には、建築を一度廃棄して新たな建て直し、すなわち、スクラップ・アンド・ビルドが繰り返されてきた。

　このように、既存のアプローチにおいては、需要が大きく変動した際にも維持されるためには、エネルギーや物質が消費されるか、あるいはまったく廃棄してゼロからコストをかけて再度建築される。

劣化を受け流すデザイン

　では、限られた資源供給のなかで、生命はいかに需要を満たしているのだろうか。その解が、〈再生〉である。繁殖を通した〈再生〉は、生命の最大の特徴のひとつである。たとえば、種子植物の多くは、日照が多い夏を中心に個体として生きる。日照の乏しくなる秋から冬にかけて個体は枯れるものの遺伝情報を内包した種子として過ごし、春になっ

たら再度芽吹いて個体として〈再生〉する。リチャード・ドーキンス（1941- ／イギリスの進化生物学者）は、こうした生命のふるまいを指して、「利己的な遺伝子」と述べた。その視点からいうと、個体は遺伝情報を複製し拡散するためのいわば乗り物であり、十分な資源が確保できるタイミングで繁殖などの活動を行い、そうでない際には遺伝情報だけを保存して、適切な時期を待つのである。

　こうした〈再生〉は、個体の遺伝子を存続させるだけでなく、遺伝子プールとしての種／生態系としての適応性の向上にも貢献している。ダーウィン進化論の観点からは、より適応的な個体が死ぬまでにより多くの子孫を残すことで、適応性の低い遺伝子は淘汰され、より適応的な遺伝子を持った個体が増加する——すなわち、繁殖のためのエネルギーや物質がより多く配分される。このような方法を通して、生命は多様な環境やその変動にも適応して繁栄してきたのである。

　この生命の〈再生〉という特徴を環境デザインにおいて用いることで、建築機能が必要とされるタイミングでのみ物質やエネルギーの供給を行い、それが必要でないタイミングでは建築機能の実現方法を情報として残しつつ、物質としての建築を解体し、その維持に必要となる物質／情報／エネルギーの資源を節約できる。たとえば、本章で取り上げる「キャンプ用テント」や「縁日の屋台」、「海の家」はその好例である。環境全体としては、その余剰の物質／情報／エネルギーを、より需要の高い建築において利用できる。このように、生命の〈再生〉という特徴を参照することで、需要と資源供給の変動に対して、環境全体として適切な資源配分を実現する建築デザインを可能にできると考えられる。

有限な資源を効率よく利用する

　既存の建築環境において、このような設計／運用がなされている端的な例は、各種の仮設建築である。本章においては、モンゴルの「ゲル」や「キャンプ用テント」などの仮設住居、可動式の展示空間、また「縁日の屋台」や「海の家」といった、必要に応じて設置／解体される仮設建築を多く取り上げている。ユニークな例としては、川の氾濫時に上部構造が流されることを許容する「上津屋橋」の事例がある。また、毎年決まった1週間だけネバダ州の砂漠に人工数万人の都市が出現する「バーニング・マン」は、限られた期間だからこそのエネルギーに溢れた空間をつくり出している。最後に、誰でも自邸を宿泊者に貸し出すことのできる「Airbnb」を紹介する。このようなサービスを総称して「シェアリング・エコノミー」という概念が提案されている。

　本章で示すように、限られた資源を有効活用して建築機能への需要に応えるために、空間を一時的に設置／解体する、またその運用に情報技術を用いることで需要と供給の適切なマッチングをはかり、効果を高めることが可能になる。これが建築における〈再生〉である。

01 ゲル（ユルト、パオ）
紀元前 – ｜モンゴル｜ –

遊牧という生の形態

移動することが生存の条件となる人びとの住居。そこでは〈解体／再生〉の形式が歴史的に通用してきた。移動する人びとの生活圏を成立させている生態系。そこに適応するための方法と形態がゲルである。簡便で合理的な、最適解としての住居である。

遊牧を生業とする民は、数千年前より連綿と生をつらねてきた。北アフリカー西アジアー中央アジアー北方アジアーシベリア・北極圏ー北アメリカにおよぶ広大な地が舞台である。彼らは家畜と共に移動を続ける。彼らの生活形態にとって合理的な住居の形式とは、共に移動できる「組立式移動住居」であった。遊牧民の多くがこれを採用した。この極めて長期、広域的に現われる形式の範例として、モンゴルのゲルを挙げたい［★1］。

構造と空間

　ゲルは、紀元前より現在に至るまで、ほぼ同じ形態を保っている。円筒形の壁の上にゆるやかな円錐形の屋根が乗った形である。骨組みを成すものは、ハナ（格子状の折りたた

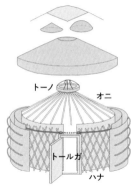

図1：ゲルの構造

図2：ゲルの内部。ストーブを挟んでパガナが2本立ち、その奥に祭壇が見える

み式壁）、オニ（円錐面を形づくる屋根垂木）、トーノ（円錐の頂点に穿たれる天窓の枠）、パガナ（トーノを支える柱）、ハールガ（出入口扉）で、いずれも木材を用いる。ハナを展開しハールガと共に複数（通常5-8枚）つなぎ合わせ、地面に円環状（直径4-6m程度）に立てる。これで円筒形の壁組ができあがる。パガナ（通常2本）に支持された直径1m程度のトーノの外周にオニの一端を嵌めこみ、他端をハナの円筒上端に結び付ける。こうしてオニを数十本トーノから輻射させると円錐形の屋根となる。壁、屋根とも、主に羊毛のフェルトで全体を覆う。冬期には何層も重ね、断熱効果を得る。骨組みと覆いは、家畜の毛などを用いた紐で結び付け、固定する。床には草やフェルト、絨毯、毛皮などを、さらに冬期には乾燥させた畜糞を敷く［図1］。

　円形の平面は、中心と方位により分節される。中心にはいつも火がある。炉または竈が置かれ、畜糞を燃やし真上の天窓から排煙する。モンゴルでは北風が強いため、ハールガは必ず南面に設ける。その対向、即ち北側の上座を主人が占める。西側半分が男の場所、東側半分は女の場所とされる。ゲルの内部空間はひとつの小宇宙である。屋根は天空とみなされ、その頂点にある円形のトーノは太陽を象徴する。そこから射し込む光は、内部をゆっくり巡り、時を示してゆく［図2］。

草原生態系のなかで

　草原に生きるモンゴルの遊牧民は、春夏秋冬の季節に応じて宿営地を定め、放牧をおこなう。宿営地間の移動距離は数十kmに及ぶ。移動のつどゲルを分解し、次の地で再び組立てる。跡地には痕跡を残さない。季節に伴い場所を替え、解体と再生を繰り返す。

　移動は遊牧民の生存のための条件である。住居もその条件のひとつであれば、これも

❶トーノを載せたバガナを中心に立てる

❷トーノからハナへ、オニを渡す

❸全体をフェルトで覆う

❹キャンバスを掛けて仕上げる

図3：ゲルの組み立て

　移動しなければならない。分解して移動するのがいい。分解と組立を容易にしたゲルが最適解を示した［★2］。総重量300kg程度、極めて軽量で高度に規格化された部材を、牛車や2-3頭の駱駝に載せて移動する。2-3人の作業で、組立に要する時間は約1-2時間、分解には1時間もかからない［図3］。合理的にして簡便。ひとつの極まった方法と形式をここに見ることができる。

　ところで、彼らはなぜ移動するようになったのか？　はじめに、群れで移動する草食動物があった。それは人にとって有用であった。そこで人は、動物の生態に自らの生の形態を同調させることにした。草食動物との共生である。これが遊牧の起源とも考えられている［★3］。モンゴルの遊牧民は、草を食む羊・山羊・牛・馬・駱駝（以下、五畜と総称）と共に移動し、それら五畜の物質とエネルギーを全面的に利用、消費してきた。ゲルの民とは、五畜を含む草原の生態系に適応し、生をつないできた人びとなのである。彼らの住居もまた、この生態系への適応の形としてある。

　モンゴルの大地に太陽の光が降りそそぐ。草原の生態系を成立させるエネルギーの源泉だ。光合成によって炭水化物を含んだ草本が生育する。草や茎は、直ぐに人に有用とはならない。だが羊をはじめとする五畜は、その繊維質を分解・発酵する消化器内の微生物と共生することで、栄養を摂取することができる。この過程をとおして実現した五畜

図4：牛車2台によるゲルの移動。リング状のトーノが見える

　の生が、遊牧民の衣食住の物質的源泉となる。羊の毛はゲルをたっぷり包み、その内では牛の乾燥糞が火を絶やすことなく、馬や山羊などの乳は共生微生物による発酵作用を得て、人の不可欠な食糧となる。ゲルの生活の資材は、自ら移動し、生成するのだ。

　モンゴルの遊牧民にとって、広大な草原のひろがりが生の舞台である。そのなかでゲルはちっぽけな点景に過ぎないとはいえ、草原のさまざまな生が交わり重なり合う結節点となっている。それは、草原という生態系の中で移動を続け、今も解体と再生を反復している［図4］。

★1──ゲルの類型は、西アジア−中央アジア−北方アジアの広域に存在する。ゲルとはモンゴル語で「住居」を意味し、ヨーロッパではユルト（トルコ語でやはり「住居」を意味）と呼ぶ。中国ではその形態からの由来でパオ（包）と名付けられた。尚、現在では都市部において「定住型ゲル」も多くみられる。
★2──移動先で材料を調達し住居を構える遊牧民の例もある。ゲルの系譜では、解体せずそのまま移動した「車上住居」の例が文献史料にみられる。
★3──梅棹忠夫の、「遊牧の起源は動物のむれと人間の家族との共生にある」とする仮説に拠る（『回想のモンゴル』）。

参考文献
梅棹忠夫『回想のモンゴル』中央公論新社、1991
小長谷有紀編『モンゴル入門』河出書房新社、1997
金岡秀郎『モンゴルを知るための65章』明石書店、2012
T・フェーガー（著）／磯野義人（訳）『天幕──遊牧民と狩猟民の住まい』エス・ピー・エス出版、1985
INAX（編）『遊牧民の建築術──ゲルのコスモロジー』INAX出版、1993
布野修司（編）『アジア都市建築史』昭和堂、2003
布野修司（編）『世界住居誌』昭和堂、2005

02 海の家
1885年頃｜日本｜−

人・季節・部材の 循環に適応した再生建築

海岸という過酷な環境下でエントロピーの蓄積を逃れるため、需要に合わせて出現と消失を繰り返す。法的な制約のもと選んだ戦略によって、環境に対する持続性を獲得した、日本のヴァナキュラー・アーキテクチャー。

近代日本人の生活文化に根付く再生建築はさまざまある。行事や営みなどさまざまな出来事からの「需要」に合わせて再生と解体を繰り返す建築たちである（本書でも「縁日の屋台」を取り上げている）。中でも、季節に合わせて立ち上がるものの代表例が海の家だ。夏になるとするすると建ち上がり、真夏の海水浴客へサービスを供し、秋になるとたち消える。毎年、しかも日本の各地で同じようなふるまいを「海の家」は繰り返す。おそらくこの先も（少なくとも十数年というスパンでは）変ることはない、ある完成されたタイプである。

海の家の歴史

「海の家」という日本独自のビルディングタイプの始まりは、明治初期に広まった日本の海水浴の始まりと一致する。最初期の海水浴場のひとつ、神奈川県大磯の照ヶ崎海岸に築かれた「潮涛館」が日本で最初の海の家とされている。当時のものは、入口3間、奥行き2間程度の大きさで、丸太の柱梁によしずや縁台で内部空間をつくる構成だった。同じ大磯に続けて建てられた「祷龍館」の浮世絵を見ると江戸時代の茶屋のようなものだったことがわかる[p.145図]。この頃は、海水浴自体の需要が少なくまだ海の家というビルディングタイプに関するノウハウもなかったため、非常に簡素なつくりの「海の茶屋」のようなものがつくられたと考えられる。当時の海の家が解体・再利用を前提としていたかは不明だ。

始まりは療養目的だった海水浴だが、公衆衛生や生活水準の向上に伴いレジャーへと目的を変えてゆく。平行して、経済成長やモビリティの発達、建材の多様化に合わせて海の家の変化も進む。構造材に鉄骨が、外壁にプレファブやトタンが使われるようになり、建物自体も巨大化していく。中には2階建ての海の家なども出現。近年では企業やテレビ局プロデュースの華美な広告型海の家も一般的になってきた[★1]。

発展と共に組み込まれた解体

海の家は初めから解体をプログラムされていたのだろうか。当時の発案者の考えを知るすべはないが、初期のつくりは解体を前提としたというよりむしろ、ただ簡素につくるという意図だったと思われる。これはまだ〈再生〉建築ではない。やがて、海水浴の慣習化により海の家も増加する。さらには1956年の海岸法制定により海岸の専有が法的に取り締まられるようになる[★2]。そうした背景によって、次第に「海の家」に「戦略としての解体」がプログラムされていったのではないだろうか。

具体的にそのシステムを見てみると、部材は先述の通り、木と鉄骨が主である。部材の接合方法は、共にボルト締めが多く、木の場合はほかに釘、かすがい、番線など、施工と解体の容易な方法が選ばれている。外壁はよしず、プレファブ、トタンなどが使われ

る。いずれも使い回しが可能だったり安価なもので、施工性の優れたものだ。急な高潮や台風時にシェルター化したり、解体したりするためにもこうした組立・解体システムが欠かせない。コスト面から見ても、毎年新しい部材を使って建てるより、同じ部材を使い回すほうが優れている。

塩害を踏まえた、物質の流れのデザイン

　また伝統的な木造の海の家は〈動的平衡〉システムも内在している。木造の海の家の部材は10年以上使われるのに対し、鉄骨造の部材は7年ほどで交換されるそうだ。ともに水、塩、風によって劣化が早まっているのだが（とくに接地面の劣化が早い）、木材のほうが寿命が長いというのは、鉄骨より塩害に強いということではもちろんない。地面に埋めた木部は1年で腐ってしまうが、その部分を切り捨て、翌年は少し短い柱として使い、その翌年はもう少し短い柱として使われていくからだ。最初はもっとも高い柱の必要な棟部分に使われ、だんだんと低い軒側に移動していくかたちである（鉄骨だと加工が難しくそうはいかない）。こうして部材は建物の中を巡り、最後は最も短い小屋束となり、部材は寿命を迎える。毎年同じように見える海の家も少しずつその骨格は移り変わり、十数年後にはまったく新しいものへと知らず知らずのうちに変わっている。

　〈再生〉と〈動的平衡〉というシステムが高度にハイブリットされた生命化建築が、じつは日本の何気ない風景の中に存在していたのである。こうした日本人の無意識に根付く建築を生命化建築の視点で見返すと、ほかにも何か新しい発見があるかもしれない。

★1──広告型海の家には、1回限りで取り壊してしまうかたちと、業者から組み立て式のものをリースするかたちの2通りある。本稿の定義では、解体・組み立てをプログラムされている後者のみが生命化建築となる。
★2──海岸法では、海岸線は国有財産であり私的所有ができないと定められているため、恒久的な私的建築が建てることができない。

参考文献
十代田朗、渡辺貴介「明治期の大磯「祷龍館」及び稲毛「海氣館」にみる海浜リゾート計画思想に関する比較研究」日本都市計画学会論文集 No.30、1995
三木誠、畔柳昭雄「海の家の構造及び建材に関する研究」日本建築学会大会学術講演梗概集、2005
福西英知「海の家の建築的特性とその在り方に関する研究」早稲田大学渡辺仁史研究室卒業論文、2002年度
畔柳昭雄、渡邉裕之、日本大学畔柳研究室（編）『海の家スタディーズ』鹿島出版会、2005

03 | 縁日の屋台
1945年頃｜日本｜−

日本の祭りを彩る移動型再生建築

地域の「行事」に合せて、素早く現出・消失する機能をもったユニットフレーム建築。部材・機構のプレファブ化が、機能性のみならず、物質的と組織的、両面における相補性を実現する。

日本の「季節」に応じて〈再生〉を繰り返す事例として「海の家」を挙げたが、他方、日本の「行事」に応じて〈再生〉を繰り返すものがある。その代表が「縁日の屋台」。全国津々浦々、お祭りがあると、ほぼ同じ形式の屋台が道を埋め尽くす[図1]。日本の祭りといえば、櫓の回りを囲んで踊る光景と、ずらりと並んだ縁日の屋台が定番だ。縁日の屋台の、自律的に集合と分散を繰り返し、もれなく全国の祭りを埋め尽くすこの建築およびシステムにはなかなか興味を惹かれるのだが、建築としての言及がこれまでになされたことがほとんどない。ここでは、この「ハレ」を演出する生命に学ぶ建築を、〈再生〉の文脈から読み解いてみたい。

ユニットフレームの屋台キット

　屋台建築は、一般に「三寸」と言われ、主に3つの要素から構成される。調理・陳列を行う「売り台」、天幕や看板を掛ける「架構」、雨風を防ぐ天幕や看板などの「幕類」である。骨格はスチールでできており、それ以外は布や木が使われる。これらはある程度規格化されており、セットの一部の部材が劣化したり、損傷または紛失するなどして部材の交換、補充が必要な場合は、新たに購入して補うことが容易にできるよう、機構と産業の両面で成立している。セットの種類はその製造年代や業者によって多少異なるが、大方の構成は同様である。

　これらは解体すると各部一人で持てる程度のサイズ・重さになり、なおかつ、すべての部品がワゴン車に入るサイズになっている[図2]。モビリティあるいは保管の形態がモジュール決定の一因となっている点は、〈再生〉建築のひとつの特徴と言えるだろう。資材は、縁日の前日のうちに車などにより搬入され、コンパクトな状態で待機し、当日簡単に組み上げられるよう機構や規格が工夫されている[図3]。

　設置期間は縁日のイベントにもよるが、数時間だけという場合もあれば、数日間連続し

図1：神社の縁日のための屋台の準備風景。前日までに屋台のセットを、搬入して置いておき、翌朝から一斉に組み上げる

図2：屋台のセットはワゴン車1台に入るモジュールで作られている

て設置される場合もある。また、ひとつの屋台の店舗は、1カ所だけでなく、さまざまな場所へ移動するため、あらゆる条件のもとで設置・解体・撤去できる優れた作業性が求められる。したがって、屋台建築では、頑強性よりも設置や解体撤去の作業時間の短さがより優先される [図4]。

また、縁日の屋台は、単体の機能性だけでなく、それら総体で生み出す「ハレの日」の演出も求められる。同一のモジュールでつくられた屋台建築は、軒を連ねることでひとつの大きな構築物となり、半屋外空間をたちまちに生み出す。副産物的だったのではあろうが、こうした点においてもユニットフレーム化された屋台キットは効果を持つ。

建築的相補性と組織的相補性

縁日は、毎年同じ場所を同じぐらいの時期で巡回していくため、それぞれの場所で、ほぼ同じタイプの店舗が営業されるというシステムになっているようだ。たとえば、たこ焼きを売っている店舗の場所は、毎年たこ焼き屋が営業するといった具合である。各店舗は、「組」のような組織に所属し、その「組」の「長」が取りまとめて場所を決めたり、地代を集金して寺社に納めたり、揉め事が起こったら解決するよう組織化されている。ひとつの縁日のイベントでは複数の「組」が協力しあって、複数の屋台を組織化する。また、規格化された屋台建築は設営作業を共通化することで、「組」の間での役割をフォローし合うことを可能にする。このように、屋台運営の内実は非常に社会的な組織でできており、ユニットフレームのような相補的なデザインが、「組」内での相補性を実現しているといえるのではないだろうか。

一見雑然と見える縁日の風景は、じつは組織、人工物、運営それらすべてが極めて合理的に構築され、解体され、再生されるよう洗練された仕組みを背後に持っているのである。

取材
代々木八幡神社（2014年9月21、22日）

参考文献
厚香苗『テキヤ稼業のフォークロア』青弓社、2012

図3：屋台セット組み立ての様子。土台、骨組みから組み立て、ビニール製の天幕を取り付ける

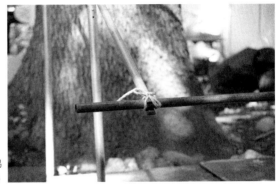

図4：屋台の骨組みは紐など簡易なもので縛られ、構成されている

生命に学ぶ建築　153

04 | 上津屋橋
1953年 | 日本・京都府 | 徳田敏夫

変化を受け流し再生するシステム

大雨や暴風雨で増水した際、強固に耐えるのではなく、橋脚のみを残して、あえて壊れる柔構造としている。これにより、周囲の土手の決壊を防ぐことで被害範囲を最小化し、橋桁と橋板を戻せば早期に復旧することを可能としている。

環境の変化に抗わず、環境の変化に柔らかに対応しながら持続させるシステムとして、土木構造物の「流れ橋」が挙げられる。「流れ橋」とは、河川が大雨や暴風雨等で増水した時に、水位が橋桁に到達すると、橋脚にのせているだけの橋桁と橋板の上部構造は流れることを許容し、橋脚のみ残し有事を受け流す柔構造の橋である。当時の技術では、強固に橋梁そのものをつくることが難しかったこと、また例え強固な橋が構築できたとしても、流木を堰き止め周辺の土手の決壊を招くため、あえて柔構造とされた。

耐えず、受け流す

　事例として挙げた上津屋橋は、国内最大の木造の流れ橋である。上津屋橋は木津川にかかる全長356mの橋を渡すに当たり、限られた予算で市民の利便性を実現するため、建設当初から流れ橋として完成した。木津川は上流が広い多雨地帯であるため、一度大雨が降ると増水し、完成以降、20回ほど台風や暴風雨により流出している［図1］。流出

図1：崩壊した上津屋橋

生命に学ぶ建築　155

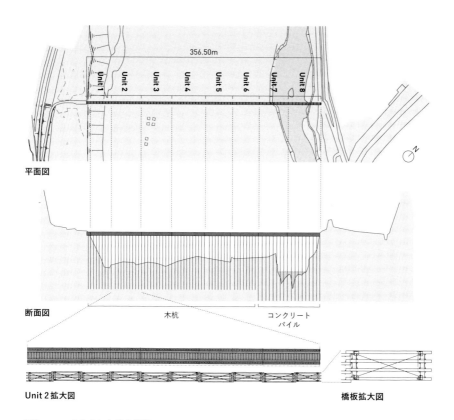

図2：ユニット化された橋の構造

の都度、復旧を繰り返してきたが、流出してしまった上部構造を一から作り直す時間とコストが課題となっていた。この繰り返しの経験を経て、現在では上部構造が流出したとしても再利用できるよう進化している。橋桁と橋板の上部構造をブレース材で固定しユニット化し、部材がバラバラに流出し失われてしまうことを防いでいる[図2]。またこのユニットは8カ所設けられた繋留橋脚にワイヤーロープで固定されてつなぎとめられている。この8カ所の結節点を予め設けることで、増水時に浮かび上がったユニットは、繋留橋脚をつなぎとめられたまま、流れに抗うことなく、筏流しのように流れる。水位が低下した後、ロープを引き上げることで、橋板の再利用と復旧の工期短縮が可能となる[図3]。

直すことを前提とする

このような非常時に敢えて崩れることで生命を存続させる戦略として、トカゲ類に見ら

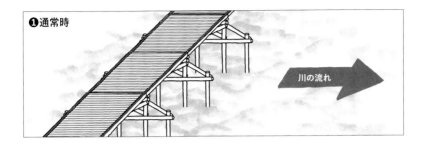

❶通常時

川の流れ

❷増水時-1

乗っているだけの橋桁と橋板が浮かぶ

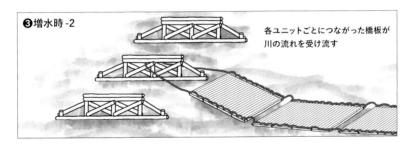

❸増水時-2

各ユニットごとにつながった橋板が川の流れを受け流す

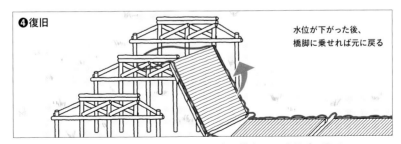

❹復旧

水位が下がった後、橋脚に乗せれば元に戻る

図3：増水時の橋桁・橋板の挙動とユニット化された橋の構造による復旧プログラム

れる「自切」が挙げられる。トカゲの尾の骨は椎骨という小さな骨がビーズのように連なっており、この椎骨に自切面という切れ目の前後の筋肉を収縮させることで、自ら尾を切断する仕組みを持つ。骨の切断と筋肉の収縮を同時にすることで、出血を抑えることができ、尻尾は失うものの、身体の損傷を最小化しながら、注意を引く間に逃げることで、生命自体を守ることができる。

　橋梁技術が進化した現代においては、流れ橋以外の選択肢も選択することができる。それでもなお、上津屋橋が繰り返し再建され続け、また迅速な復旧のために進化し続ける姿は、単に市民の利便性、コストだけの理由に他ならない。一度、屈強な橋梁を建造してしまえば、このような工夫も復元方法も忘却されてしまうに違いない。しかし敢えて屈強につくらず、有事に起きる抗いようのない巨大な力に対する身のこなし方として、現代における津波や地震動に対する防災の考え方のひとつの戦略として参考になりうる。この上津川橋の姿、存在が残り続けることは、上津屋橋の風景と共に、そのような生命的な戦略を伝え続けていくだろう。

参考文献
京都府建築交通部道路建設課「上津屋橋（流れ橋）あり方検討委員会」http://www.pref.kyoto.jp/doroke/nagarebashi/index.html（2016年8月31日閲覧）
「上津屋橋の修繕工事　ユニット化で木橋の復旧を容易に──景観重視のまちづくりに一役買う土木構造物」『日経コンストラクション』pp.58-63、日経BP社、2013.4.22

05 キャンプ用テント
1862年｜イギリス｜エドワード・ウィンパー（ウィンパー・テント）

組み立てやすく運びやすい
最小限の再生空間

テントは、人力での移動に伴い運搬を可能にする、〈再生〉可能な建築空間のもっとも機動性が優れた事例である。テントは携帯性、可動性にも優れており、それらは部材の軽量化や構造の簡易化などの進化に支えられ、長い年月をかけて洗練された再生空間を実現している。

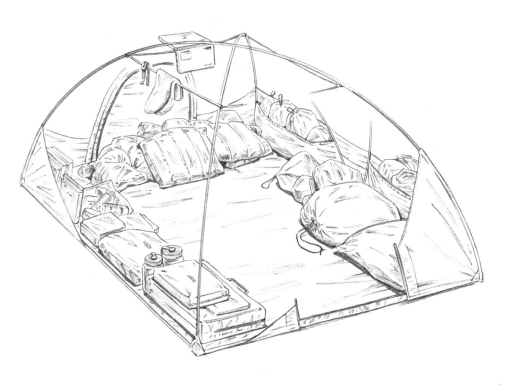

生命に学ぶ建築

テントは、金属などの骨組みと布地で構成される最小単位の居住空間である。テントの歴史は古く、旧約聖書にすでに儀式や居住のために天幕を設営する記述が紹介されているほどである。大きな意味では、事例01の「パオ」[事例4-1]もテントの種類に属するといえるが、ここでは、簡易な登山やキャンプ用のテントに着目する。

進化し続けるテント

　たとえば、登山用テントでは、すべての荷物を背負って行動しなければならないため、簡単に携帯できるよう小型軽量で強風に耐える性能であることが求められる。そのため、簡易化、軽量化が進んだ。登山用テントは、エドワード・ウィンパーが1862年にウィンパー・テント[図1, ★1]を発明したのが、後のテントの基本となったとされている。

　キャンプや登山用テントの特徴は、どこにでも水平で安定的な場所であれば、設置することができ、そこに滞在することを可能にする空間を提供できることである。

　行楽やキャンプの際に使用されるテントは、使わない間は家の倉庫や物置などに解体され保管される。利用する機会が出てきた時に、利用される目的の場所まで運搬され、利用される場所に着いて、必要に応じて設置場所が決められ、組立てられる。設営の段階で、容易に設営場所を何度も変えることもできる。

　テントは、構造の部材、膜の部材ともそれぞれ軽量であることから、人力での移動に

図1：ウィンパー・テント

伴い運搬を可能にする、〈再生〉可能な建築のもっとも携帯性に優れた事例である。

　たとえば、「ゴアライト」という2本のポールを交差させて立ち上がらせるタイプのテントは、山に登ったとき真っ暗で光のないところでも簡単に建てられる構造として設計されている。

　人力で運搬可能なこと以外に、設置が一人でも可能であるという点は、利用する際に場所を頻繁に移動することも容易にするため、設置場所を変更できる特性も備えている。また、1人用のテントや2-3人用のものであっても部材全部をあわせてもコンパクトであるため、使用の必要がない際に保管をする場所が少なくてもすむことから、保管時の場所の効率的利用にも役立つ。

押し広げられた人類の活動範囲

　設置場所、期間は使い手の自由に構成できるという手軽さも備えており、滞在場所を確保したいという利用者の要望に時間的に非常に迅速に応えることができ、設置場所の選択においても柔軟性を持つ空間である。

　テントをよく利用する登山写真家・石川直樹は、「たった2畳のスペースで、人間の生活は十分にことたりる」という。「そのことを実感させてくれるのが、テント」だという。テントは、ミニマムな「持ち運びできる家」なのである。

　テントの進化は、人類の活動範囲を大幅に拡張した。たとえば、布地シートの防水性の向上、二重構造による結露や人間の呼吸や発汗での内部湿気の回避、金属フレームの進化による強度や快適性の向上など、テントの各パーツおよび全体の進化が、人類をより過酷な場所へと行けるよう導いた。この意味においてテントは、人間の行動範囲を広く拡張させた「持ち運びできる家」と言えるのではないだろうか。

　そして、この「持ち運びできる家」は、必要でないときには簡単に収納でき、必要なときに短時間でいつでも〈再生〉できる、再生可能な「家」なのである。

★1——エドワード・ウィンパーが考案したテントのひとつ。形状は床の部分が正方形で、入り口を構成する布による壁も正方形でできている。入り口から見ると、三角形に見える基礎的なテント。実用的であり、ドーム型テントが出てくるまで、主流のテントであった。

参考文献
堀田弘司『山への挑戦——登山用具は語る』岩波新書、1990
石川直樹『ぼくの道具』平凡社、2016

06 バーニング・マン
1986年−|アメリカ・ネバダ州|−

再生と死を繰り返すコミュニティ空間

アメリカの砂漠に、毎年1週間だけ設営される数万人規模の都市。終了時には一切のゴミ等の痕跡を残すことが許されず、すべてを燃やすか持ち帰る。周期的な〈再生〉によって日常生活の空間では持続しえない空間やアクティビティを10年以上にわたって持続することに成功している。

人口6万人の都市が、米国ネバダ州の砂漠の真ん中に突如出現し、1週間の共同生活が営まれた後、すべてが燃やし尽くされてまた跡形もない砂漠へ戻る、と聞いてあなたは信じるだろうか。しかし、これは15年近くに渡り実際に毎年行われているバーニング・マンというイベントでありテンポラリに出現する空間なのである。

日常から解放された幻のコミュニティ空間
　バーニング・マンは、元々はサンフランシスコのヒッピー／アートカルチャーの成員が1986年にビーチで始めた、大きな木製人形「The man」[図1]を燃やすという小規模な催しに端を発している。バーニング・マンは毎年行われるうちに、多くの参加者を集めるコミュニティ／アートイベントへと成長し、1990年にはビーチで開催できる規模を超えてしまい、ネバダ州の乾湖であるブラックロック砂漠に開催地を移し、毎年8月末から9月頭の米国の祝日レイバーデイの一週間だけ持続する都市「ブラックロックシティ」を名乗るようになった。そのヒッピー文化のルーツにふさわしく、バーニング・マンの開催の目的は「コミュニティ」「制約なき自己表現」「自活」であるとされている。
　バーニング・マンは、アートフェスティバルとしての側面を持っている。「No Spectators」を合言葉に、すべての参加者が、あらゆる形で自己表現を行うことが推奨される。絵画

図1：都市の中心に位置する「The Man」

図2：左上 さまざまなモビリティで集合してキャンプを形成する
　　　右上 特徴的な仮設建築がいくつも建てられ、機能を提供する
　　　左下 派手さを競うように、異質なモビリティがたくさん集う
　　　右下 中心から放射状に伸びるプロムナード

や彫刻、建築、大規模な遊具、奇抜なデコレーションカーなどの制作物、音楽やダンス、大道芸などのパフォーマンス、ヨガや座禅、パン焼きのレッスンなど、考えられるありとあらゆる個性的なアクティビティが繰り広げられる［図2］。

生と死が織りなす持続可能性

　外界から遮断された砂漠において、主催者側から提供されるのは扇状の街区の区分と、仮設トイレ群および食料保存用の氷のみで、水／食料／住居／通信／などの生活インフラは一切提供されず、また金銭のやり取りに代表される一切の商行為が禁止されている。参加者はそれらを自ら用意するか、参加者間の相互扶助で調達するしかない。さらに、終了時には、一切のゴミ等の痕跡を残すことが許されず、すべてを燃やすか持ち帰ることが求められる。このように、消滅＝死が約束されていることが、バーニング・マンに生命的な特徴をもたらしている［図3］。

　バーニング・マンのような祝祭的／実験的な空間を日常的に維持することは、経済的にも社会秩序の観点からも困難であろう。特定の期間のみ出現し、後には一切の痕跡を残

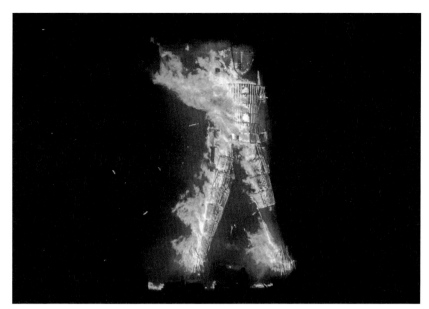

図3:「The Man」の炎が都市の終わりを告げる

さず消滅する。このような周期的に〈再生〉を行うサイクルがあったからこそ、逆説的にこれほどのエクストリームな活動が15年もの期間に渡って持続することができたと考えられる。

　生命はなぜ生と死のダンスを繰り返すのか。それは、交配と世代交代を行う中で、環境へのより良い適応へ向かう意味を持っている。安定性や合理性を追求した文明が行き着いた都市空間に、人間は時に息苦しさを感じる。そうした文明社会への反動として生じたカウンターカルチャーの実験は、21世紀の現在においても息づき、私達の常識に揺さぶりをかける契機を提供している。一定の期間、同じ空間に人々が集い、ある種の実体のあるコミュニティを構築し、その期間が終わったら跡形もなく解体され、またシーズンが到来したら再生される。バーニング・マンは、共通する理念を元にプログラムされた、〈再生〉空間を事例として表している。

参考文献
「Black Rock City, LLCウェブサイト」http://www.burningman.com/（2014.11.26閲覧）

07 | ノマディック美術館
2005－07年｜アメリカ・ニューヨーク、サンタモニカ、日本・東京｜坂茂

建てては解体し、移動し、また建てる
現代経済に適応した〈再生〉デザイン

美術展の会期と場所に合わせて、解体し、移動し、設置できるよう、コンテナや紙管などのリサイクル材を使い、移動性、運用性に配慮して設計され、解体後の活用についても考慮された〈再生〉の生命建築。

ノマディック美術館は、移動しながら世界中で美術展が開催できる巡回型美術館である。グレゴリー・コルベールの写真・映像作品展「Ashes and Snow」のためにつくられた建築で、その名の通り「移動する美術館」として構想され、実際にニューヨーク、カリフォルニア、東京と次々に場所を変えて建造された［図1, 2］。初代のノマディック美術館は、建築家の坂茂による設計で、ニューヨークのハドソンリバーパークに建てられた。

経済・資源・移動・敷地に順応する

　こうした移設を実現するため、ノマディック美術館の部材としては、❶現地でレンタルするシッピングコンテナ、❷リユースするフレーム／膜材／木製パネル／紙管トラス、❸ダンボールとしてリサイクルする紙管柱、の3種類が用いられた。材料はいずれも安価に調

図1：ニューヨークに建てられた美術館

図2：サンタモニカに建てられた美術館
左ページ：東京に建てられた美術館

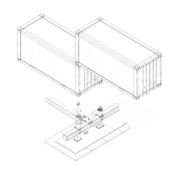
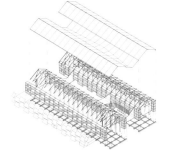

図3：上｜コンテナの結合機構
　　　下｜アイソメ図

図4：紙管をトラス状に組むことで、軽く丈夫な架構を形成した

達できるものを使用し、構造体となるコンテナは、自らの搬送用としても活用できる［図3, 4］。

　建物のプランは都市ごとの敷地の条件に応じて変化している。たとえば、ニューヨークではハドソン川の桟橋の形に合わせた直線上のギャラリーであったが、サンタモニカと東京では半分の長さの2本のギャラリーの間にシネマとミュージアムショップが加わるという構成だった。また、基礎は各地の法規の違いに合わせて、新規に設計された。

　このように、そのプランを変えながらその基本的な構成を保ったまま世界を行き交うノマディック美術館は、生物の特定の種がそれぞれの環境に適応しながら世界中に拡散していくさまを連想させる。私たち人間においても、アフリカに誕生した祖先のDNAを直接受け継ぎながら、自分たちの体を形作る物質は各々の土地の食料を取り入れ、地域の風土に合わせて身体の特徴も変え、また自らも死ねばその土地の一部となってきた。

空間に与えられたミュージアムシステム

　ノマディック美術館が示すのは、ひとつの空間としての固有性を保ちながら、部材やプランのディテールをその土地の風土や社会システムに適応させることで、効果的に別の環境に〈再生〉することが可能であるということである。これはモダニズムにおけるユニバー

図5：コンテナや紙管を用いて、仮設ながらも機能に合った大空間を生み出した

サル・スペースの概念と通ずるものがあるが、一方、現場に合わせるローカリティも兼ね備えており、部材の調達やリユースまでを含めてシステマティックに設計されていることが、ノマディック美術館のユニークな特徴である。

ノマディック美術館は、簡単に組み立て、解体でき、移動も容易である、「ノマディック」な美術館を構成している［図5］。

会期後、これらのコンテナはリース会社に返却され、床に敷く米松のパネルはリユースし、紙の柱は段ボールなどにリサイクルされる。

このノマディック美術館は、建築における〈再生〉の生命化を試みている。

美術展の会期と場所に合わせて、組み立てし、解体し、移動し、設置できるよう、移動性、運用性に配慮して設計されているだけでなく、解体後の活用についても考慮された「活物性」も兼ね備えた〈再生〉のデザインを試みているのである。

参考文献
『NA建築家シリーズ07 坂茂』日経BP社、2013

08 | Airbnb
2008年|−|Airbnb, Inc.

予測できない需要を捉えて
「使われていない空間」を再生する

Airbnbはいわゆるネットを用いた民泊サービスである。自宅をはじめとした所有する施設を貸し出すホストと、その物件を借りたいゲスト（宿泊者）とをネットを通してマッチングする。自宅の空いている部屋をそのまま宿泊施設に転用できることで、イベント時などの急激な需要変動にも柔軟に対応して宿泊サービスを提供できる。アタカマ砂漠のフラワーリング・デザートのように、Airbnbは都市に眠る空間を一瞬にして〈再生〉させるシステムである。

2007年、サンフランシスコで暮らしていたブライアン・チェスキーとジョー・ゲビアはルームシェアをしていた。しかし、彼らには高い家賃の支払が近づいているのに手元には十分なお金がなかった。そんな時、近くでインダストリアルデザインの会議が開催されており、近隣のホテルは参加者の予約で満杯になっていた。そこで彼らは、宿がなくて困っている参加者に、自分たちの部屋の一部と朝食を提供するとアナウンスした。その結果、3名の宿泊者に部屋を提供して、1000ドルの宿泊費を得て自分たちの家賃を無事に支払うことができた。同時に、彼らは宿泊者との交流がとても素晴らしい体験だと感じた。以前より起業を考えていた彼らは、このような経験をもとに、自宅を旅行者などに貸し出せるオンラインのマッチング・サービスを開始することにした。非上場企業ながら既に時価総額が3兆円を超える(2017年時点)と言われているAirbnbの誕生である。

　日々変動する「この都市に宿泊したい」という需要側のニーズ、そして都市のいたるところに立ち上る「この部屋はしばらく使わないので、誰かに貸してもいい」という供給サイドのニーズ、これらをインターネット上でマッチングするサービスがAirbnbである。自分の住む場所のすぐそばに「宿泊できる場所」があるなんて、普段は気づかず、あるいは気に掛けることもないが、何かのきっかけで「この都市に宿泊したい」ニーズが高まると、その「宿泊できる場所」は表に現れ、世界中からのゲストを迎える。

　チリのアタカマ砂漠で十数年に一度起こる「フラワーリング・デザート(Flowering Desert)」という現象がある。年間平均降水量が4ミリ未満のアタカマ砂漠で、大雨が降った年だけにこの現象は発生する。2015年には、一晩で数年分の降水量を記録する大雨が降り、フラワーリング・デザートが起こり、200種類を超える花々が一気に咲き誇り、砂漠が花で包まれることとなった。荒涼とした砂漠の風景に「生命」を感じることは難しいが、その砂の下には確かに「生命」が再生するそのときをじっと待っていたのである。アタカマ砂漠のフラワーリング・デザートは2010年以来ということであり、花たちは5年もの長い時間、再生するそのときを待っていたことになる。少し飛躍があるかもしれないが、Airbnbにリスティングするホストにとって、都市を訪れるゲストたちは、まさに砂漠に降る雨のような存在であり、使われていないその部屋を〈再生〉させるのである。変動の大きい需要に対して固定的な施設によって対応しようとするのは、経済的な持続可能性が低い戦略といえる。これに対して、自然界のフラワーリング・デザートがそうであるように、瞬間的に再生し、その変化を上手に活かすAirbnbというシステムは、これからの建築システムのあり方に大きな一石を投じるものであり、生命との類似性を備えた学ぶべき事例であると考える。

　Airbnbは、広まりつつある「シェアリング・エコノミー」という概念の代表例である。物質やエネルギーなどの資源の制約が課題となる中で、既存の都市空間の配分や交通システムなどには多くの活用されていない余剰が目にとまるようになってきた。とくに日本に

図1：システムの主体を担うAirbnbのウェブサイト

おいては、少子高齢化の進展に伴い空家の増加が社会の問題となっている。一方で、2020年のオリンピックなどに向けた海外からの観光客の増加によって、宿泊の需要は急激に拡大し、宿の確保の困難や宿泊代の高騰といった事態を招いている。このような状況下で、都市の中の「使われていない空間」という資源をITを用いることで有効活用し、都市に息を吹き込むのである。Airbnbや、個人がタクシーサービスを提供するUberなどのサービスによって実現されるシェアリング・エコノミーは今後さらに多様な生活インフラとして広がっていくと期待されている。

このシェリングエコノミーを支える鍵は、個人と個人の信頼である。Airbnbでは、ホストおよびゲストによるお互いのレビューが非常に充実している。お互いが事前にはどんな相手なのかわからないことは不安であるが、レビューを通して相手の評判を知ることでその不安を軽減できる。Airbnbというシステムが、私たちの心の中にある"やわらかい資本"である「評判資本」に支えられているという点も、生命システムとの共通性を感じさせるものであり、生命に学ぶ建築の事例として取り上げた理由の1つでもある。

Airbnbのホームページによれば、2016年7月時点で、34,000以上の都市に200万件を超える宿泊先がリスティングされている。日本でもAirbnbは広がりを見せている。2017年時点で46,000件を超える宿泊先が登録されており、100万人を超えるゲストが日本でAirbnbを利用している。Airbnbのホストはあくまでも副業として宿泊先を提供する立場であると考えられている。友人や親戚を自宅に泊めるホスト、1年365日商業的に運営されている宿泊施設、その中間に位置するのがAirbnbである、とみなされている。この中間

的な宿泊サービス提供形態に対して、2013年にオーストラリアビクトリア州で、2014年にフランス全土で、2015年にロンドンで、これら以外にも多くの都市や国で「主たる住まいの短期賃貸」に関する法律が新たに制定されている。日本においても、2017年6月に「住宅事業法案」が成立し、民泊サービスの提供に関して一定のルールが定められた。

　このように、非常にやわらかなシステムとしてつくりだされたAirbnbであるが、社会に対するインパクトがあまりにも大きくなってきたこともあり、少しずつその様相を変えつつある。

　世界中から観光客が押し寄せるパリでは、Airbnbへのリスティングが4万件を超える一方で、賃貸住宅市場の急激な縮小や住宅賃料の高騰などを引き起こしている。この背景には、Airbnbのホストの中に「自宅の空いている部屋を貸す」という当初の理念から離れ、Airbnbというプラットフォームを使って宿泊サービスを提供することを本業とする人が現れ始めたことがあると考えられている。一部の都市では、もはやAirbnbは「空いている部屋」を〈再生〉させるシステムではなくなってしまっているということであろう。

　このことから私たちは重要な教訓を学ぶことができる。生態系がそうであるように、すべてのシステムは他のシステムとの相互作用の上に成立しており、長期的な視点に立てば自らのシステムだけが成長したり、繁栄したりすることはないのである。生命に学ぶシステムには、微妙なバランスの上に自律することが求められる。Airbnbが持続するシステムとなるためには、他のシステムとの間でバランスを取ったり、過大な成長を自制したりする仕組みを取り入れていくことが必要であろう。

参考文献
「Brian Chesky, Joe Gebbia, and Nathan Blecharczyk, Founders of AirBnB」http://www.inc.com/30under30/2010/profile-brian-chesky-joe-gebbia-nathan-blecharczyk-airbnb.html（2017.1.26閲覧）
レイチェル・ボッツマン、ルー・ロジャース（著）／小林弘人（監訳）『シェア──〈共有〉からビジネスを生みだす新戦略』日本放送出版協会、2010

Column
Biofied Living / Architecture / Community
空間生命化建築の試作

　本プロジェクトは、日本建築学会空間生命化WGが、技術部門設計競技にて発表した建築デザインである。日本の地域コミュニティの再生を目的に、空間生命化デザインのコンセプトを応用し、コミュニティを持続させるインフラとしてのBiofied Living System（以下、BLS）と、その流れを機能に変換するハブとして市民センターをデザイン提案した。なお2013年時点の提案であるため、本書内で定義する生命化のコンセプトとは若干異なる部分もある点について、ご留意いただきたい。

ケーススタディ：静岡県熱海市
　生命とは、物質／エネルギー／情報の流れから機能をつくりだすシステムである（福岡伸一氏の『動的平衡』を参照）。この動的平衡は、適応と持続の相互作用を通じて、拡大を

必要とすることなく定常な状態から生きる力を取り出す仕組みである。つまり、適応と持続の相互作用とは、変化させるものと変化させないもののバランスであり、持続可能な生命の本質である。そこで本プロジェクトでは「生命」から学び「適応」と「持続」という仕組みに着目し、そうしたメカニズムをもつ「生命化（Biofied）」されたコミュニティをつくるため、「Digital Design」技術を用いた。

　本プロジェクトでは、「拡大の時代」を代表し、なおかつ「縮小の時代」へと移行する中で活力を失いつつある場所として「熱海」を選定した。熱海は江戸時代から発展してきた湯治場であり、高度成長期には、リゾート地として開発が進んだ。しかし、長引く不況の影響で温泉旅館が次々と廃業し、人口減少と高齢化が進み、地域の活性化が大きな課題となっている（2035年には高齢者比率が48.7%となる予想）。また、今後大きな地震や津波などの災害が予想される地域であり、天災への備えも大きな課題となっている。

　「生命」がそうであるように、地域コミュニティにも「物質」「エネルギー」「情報」の流れが必要である。本プロジェクトでは熱海の物質、エネルギー、情報3つの流れに従い、食の自立、安全、暮らし、エネルギーの自立の4つの機能を適応させる。

3つの流れをデザインする

　コミュニティを持続させるBLSは、まちの中に機能を分散させ、これらのバックアップを形成する。機能とバックアップを重ね合わせることで、ある線が遮断されてもバックアップが可能であり自立的なシステムとなる。BLSは、エネルギー、情報、物質の3つの要素で構成され、これらが機能することで地域のコミュニティが持続される。

　まず1つ目は、エネルギーである。地域のエネルギーにおいて、熱海の自然エネルギーを自立可能な電力として活用する。熱海の恵まれた温泉を利用した温泉発電をベースに風力発電、太陽光発電、商用電源との両立を図る。これら異なる電力をバランスよく活用できるよう、ネットワーク制御により一体的に利用できるようにする。また災害時にそれぞれが分断されてもそれぞれの拠点で自立を保てるようにする。

　2つ目は食のシェアコミュニティについてである。熱海は海、山の幸に恵まれ、旬のまま食べるもの、加工・熟成されるものに分けられ多様な食を供給する。旬なもの、加工・熟成による食のインプット・アウトプットの情報はBiofied Food Calendarによってネットワーク上で管理され、地域コミュニティ内で共有される。このカレンダーを軸に市民は食を楽しむ一方で災害時には自給できる食の量を確保できるようになっており、災害に強い食料調達を実現する。Biofied Food Systemに組み込まれた食は、旬なものを適切な方法で調理・加工し食を楽しむことができる。Net-sharing Visible Farmはネットワークで畑が管理され、地域の畑と連動し収穫情報を管理する。

Farmで収穫した作物はSocial Food Centerで加工され保存や販売される。Share Kitchenでは、その場で直接調理されコミュニティによる新たなアクティビティを創出する。
　3つ目の情報は、防災ネットワークや食のネットワークなど複数のネットワークが相互につながることで拠点の孤立化を防ぎ、コミュニティの情報を共有化する。

パラメトリックデザインを用いた市民センター
　市民センターは現在、熱海市役所がある敷地を想定した。この敷地は歴史的に熱海の重要な役割を果たしてきた、シンボリックな土地である。まず、この敷地を三次元データ化し太陽光露出シミュレーションソフトにて敷地の日影状況を解析する。年間を通して日影になりにくいエリアを選び、市民センターの主なプログラムをレイアウトしていく。そして、そのプログラムを覆うソーラーエンベロップを形成する。ソーラーエンベロップは、この立地条件下において太陽光の露出に最適化されて計画される。さらに季節によって露出の変化するエリアに、太陽光発電パネル、モニタリング・散水機能をもつスケープファーミングの2種類で構成される可変可能なハイブリッド・ファサードシステムを採用する。このファサードは常時から避難時のみならず季節の変動、人口の変動に応じてBLSが収集したデジタルデータに基づき計算された結果より、エネルギー供給、食物育成・供給などを可能とする。市民センターのイメージは、実際に栽培可能な食物や保存食用の干物の天日干しなど食物育成と融合するハイブリッドファサードの使われ方を示している。市民センターに設置されたシェアキッチンは孤立しがちな高齢者を含む地域住民をつなぐコミュニティの場として活用される。ソーシャルフードセンターは地元の農作物、海産物等を保存食などに加工できる場であり、冷蔵保管庫、食品加工機を供え、それらの販売を行う。コミュニティ温泉は、地域のエネルギー源となると共に地域住民やビジター同士のコミュニケーションを促進する場となり、また、バイナリーサイクル発電機が完備され、発電の状況をリアルタイムに見ることができる。Biofied BIMはパラメトリックモデリングシステムをバックグラウンドに、地域住民によるセルフビルドにより機能拡張するシステムだ。基本的に専門知識のない住民でも数値入力のみで部材図を派生させることができ、それを市民センター内のセルフビルド工房に設置されたCNCルーターを使い、部材の切り出しを可能とする。とくに災害時のシェルターや、イベント時の東屋として活用できる。
　このように本課題では、生命に学びBIM・パラメトリックモデリングなどを用いて環境に「適応」する市民センターのデザインと、デジタル・ネットワーク環境に支えられた「持続」を促進する食物・エネルギー・災害情報などを支援するリビングシステムを合わせもつBiofied Living / Architecture / Community を提案した。

生命に学ぶ建築への視点

この10年にも渡る一連の活動のなかで、何名かの関連ある知識人に度々インタビューを行ったり、寄稿をお願いしてきた。ここでは、その中から特に1本の寄稿文と3つのインタビュー内容を掲載する。

まず三宅理一氏には、建築史家の立場から、壮大な建築の歴史において空間生命化デザインはどのように位置づけられるのか、についてご寄稿をいただいた。

計量地理学および地域開発・地域政策がご専門の高橋潤二郎氏と建築家の菊竹清訓氏には、2007年に初めて日本建築学会九州大会で行ったパネルディスカッション「空間生命化と都市・建築の未来」の資料作成のために、インタビューを行った。高橋氏は生前より環境情報を地域開発・計画に応用する新しい分野を開拓してきた気鋭の経済学者であり、その立場から生命というコンセプトから建築を創造する概念についてどのようにお考えになるか、お話を伺った。菊竹氏はメタボリズムの建築運動の先導者でもあり、いわば早い時期から生命体のコンセプトを建築に応用してきた建築家である。インタビューでは、生命化の視点からみる建築・都市の未来についてからメタボリズム、そして情報と建築についてなどじつに幅広くお話を伺った。

いずれも今となっては大変貴重な資料であり、ここでは、それらの内容を抜粋して掲載する。

最後に、本著をまとめるにあたって建築家の伊東豊雄氏に改めて「生命に学ぶ建築」についてインタビューを行った。伊東氏の建築には自然界の物や諸相からインスピレーションを得ていると考えられるものも多く見受けられ、インタビューでは率直に伊東氏に生命から学ぶ建築についてどのようにお考えになるか、お話を伺った。

機械の思考から生命体へ
空間生命化デザインに向けて

三宅理一（建築史家・東京理科大学客員教授）

　従来の建築的思考に慣れた人間にとって「空間生命化」とはやや突飛な表現であるが、その分、画期的なインパクトをそなえた概念として期待されている。20世紀のモダニズムの時代は、古代以来の古典的な枠組みで捉えられていた建築なる領域を解き放ち、「空間」という新たな概念を介して組み替えていった。それでも基本的に即物的な「もの」によって規定される点では変わりがなかった。つまり、規模とか構造が主要なパラメーターであって、たとえモバイルな環境であっても、ひとつの力学的な構造物であるという点では昔を引きずっていたのである。こうした物理的な発想に対して、空間が生命を吹き込まれる、あるいは生存のために自律的な行動をとり始めるということは、ヴァーチャルな世界ではありえたとしても、現実の建築行為の中では想像すらできなかった。仮に思い描けるとしたら、その語感から動植物とのアナロジーとして、「あたかも生き物のような個体」として建築をイメージすることになるだろう。たとえて言えば、ラピュタやトトロに出てくるような植物や動物と一体化した建造物や乗り物ということだ。しかし、これはファンタジーであって科学ではない。

　翻って考えると、生命を生み出すことは、妊娠や出産という個体における出来事以上に、古代よりひとつの学としての形式を整えて議論されてきた。天地創造をめぐる宇宙の開闢譚には生命の誕生がセットとして入れ込まれており、古事記のような男女のまぐあいを連想される記述から、神統記に見られるカオスの中からのガイアの誕生といった神話的世界を見ることもできる。有名なミケランジェロのシスティナ礼拝堂のフレスコ画「天地創造」の一場面には、人の姿をまとった造物主から差し出される指が初の人間アダムに命を吹き込むという寓意的な図像で、この原理を説明している。人は神の似姿であるという神学的命題の上に、神人同型的な理念が見え隠れしている。

　人工生命などという思考法がなかった西欧中世であれば、ものに命を吹き込むという行為はなかば神学的な行為として説明されるのが普通であった。ラテン語でいえばアルス・アニマレ（Ars animare）、すなわち魂（アニマ）を吹き込むための術であり、光や闇を論理学の世界に引き入れたことで名高いボナヴェントゥラの神学論などはその点でわかりやすい。この神学者の解く「物質的存在を越える存在」こそが生命であり、さらに生命は知徳と表裏一体の関係にあった。進化という概念がない中で、生と知の合一たる人間は、アルス・アニマレの結果に他ならない。ならば、被造物としての物理的構築物＝空間が知能と生

命をそなえることで、物理的存在を越えることができるのだろうか。少なくとも今日議論されている空間知能化のプロセスは、「生命が宿る」あるいは「生命を吹き込む」ことが一義的な目標であり、現時点では、ようやく生命が宿る道筋がついたという意味でゾウリムシ的段階に達したといってよい。この先、知の回路を装着し、自己完結的な知能を獲得するに到って高次の存在、つまりはヒト的段階へと発展していくことが求められている。

　人間の手によって生命を作り出そうとする発想、つまりは人工生命の考え方は、レオナルド・ダヴィンチなどのルネサンスの芸術家や思想家に萌芽を見てとることができる。彼の考えは形而上学的な生命論よりもむしろ工学的な機構に強く傾いていて、人体についても一貫して解剖学的な関心を持ち続けた。その点で、生命とは運動と同義であり、人体も動き続ける一種の機械として把握されていた。その運動を内在的なエネルギーによって持続し続けることが課題となる。実際、工学にとっての古代から引き継がれてきた課題は、絶え間なく動き続ける永久運動の創出にあった。俗に「アルキメデスの螺旋」と呼ばれる、水の循環運動がその代表例で、ダヴィンチを含め、中世からルネサンスに到る技術者たちの心を捉えていた。ゴシックの建築家として知られるヴィラール・ド・オンヌクールであれば、みずからのスケッチの中に示した車輪がそれを暗示しており、たとえば時計がそうであるように、回転する機構に運動の持続性を託すというのが当時の一般的な思考法であったようだ。

　こうした構築的な機構を周囲の状況に合わせてどう動かすかが問題なのであるが、長い間、制御系をつかさどってきたのは手動や油圧の駆動装置、そして電気や磁気による信号であって、膨大な情報を処理する人間の脳・神経には到底及ばない。制御技術が画期的に進化し、人工知能の可能性が云々されるようになったのは、通信技術から発展したディジタル制御が実用化の目途をつけ一気に広まったこの50年のことである。それでも建築空間の制御はプリミティブな側に属し、第二次大戦後の空調による室内環境制御を端緒となし、環境工学のかたちをとって発達してきた。ジャン・プルーヴェの可動式のアルミ・カーテンウォールのように、初期のパイオニア的なデザインはアクティブ・エンジニアリングとしての環境装置に傾倒していたが、近年になるとよりパッシブで自然と調和した環境の創出が重要視されるようになる。その境目にあったのが、大阪ガスが中心となって開発した実験集合住宅NEXT21のようなエコシステムを意識したSI構法の建築ではないだろうか。

　近年の建築空間は、複雑系に対処すべく、器官や皮膜といったより生物的な要素に力点を置く。コンピュータ制御による設計法がそれを可能にしているが、実際にできる建築は樹木の生育や昆虫の変態を下敷きにした自然の変異モデルを範としている。こうした自然界の営みの方がシステムとしては複雑系を志向しているわけで、そこに向かって試行錯

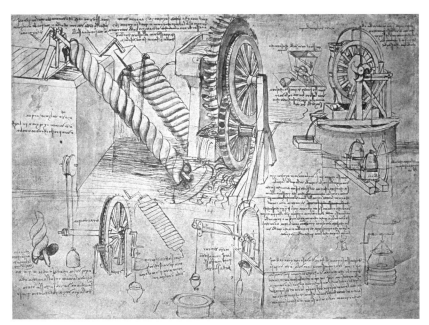

レオナルド・ダ・ヴィンチの永久機械（アトランティコ手稿）

誤を行うことでようやく機械の思考から離れて生命体への移行が可能となった。その結果、ヴァナキュラーと呼ばれてきたゲル（テント）やアドベ建築が俄然注目を集め、持続可能な建築類型として新たな開発の対象となる。巣作り（ネスティング）や繭（コクーン）、孵化（インキュベーション）といった様態の変化それ自体が建築空間として生成するようになったのも同じ理由による。同時に、蜘蛛の糸や泡巣といったネーチャー・テクノロジー素材が、既成の材料を凌駕する高い性能を有していることに着目し、自律的で極限でも耐えうるような新素材の開発が進行中である。近年話題となっているスマート・スキンや呼吸する皮膜は、まさに自然系と人工知能の境界域に登場した新たな素材概念である。

　従って、空間生命化を実現する建築は、未来主義的なイメージとは裏腹に、自然で、むしろ牧歌的なたたずまいを擁することになるのではないだろうか。人間の睡眠や覚醒、学習や労働といった行為に対して機敏に反応するしなやかできめ細やかな空間、フレンドリーで双方向的な環境こそが、これからの住まいやオフィスにふさわしい。かたちや構造ではなく、そこに組み込まれるアルゴリズム自体が重要であり、状況を感知して自動生成や自己修復を行い、変化し続ける空間なのである。夢物語ではなく、現在進行形の空間概念の変異として以上の話を汲み取っていただきたい。

空間生命化と建築・都市の未来 1

［インタビュー］
高橋潤二郎（慶應義塾大学名誉教授）

——今回のテーマである空間生命化という視点から建築と都市の未来をみる、とはいかがでしょうか？

高橋　アナロジカルなアプローチ、類似を通じての推論とは、対象Aをそれと非常に似ているBだとみなして、Bとの比較でAの特性を推察することです。このアナロジカルなアプローチを建築や都市研究に応用する、つまり建築・都市を生命体とみなし、生命体の持っている機能・構造と比較するという観点から建築・都市を見直してみる、これはとても重要だと思います。

　21世紀は、生命がキーコンセプトである時代です。機械的な宇宙観から生命的な宇宙観へと推移していく過程で、生命体をアナロジーとして、都市とか建築を見直していこう、という見方は、大変興味があるし、いろいろな発想を生み出す根源になると考えていいと思います。

　ただ、このアナロジーは、生体でないものを強引に生体視する、つまり一種の擬生体化するわけだから、気をつけなければならない点があります。

　ひとつは、遺伝子との対応、都市の遺伝子とは何か、といった問題です。

　次に、免疫性。これは有機体の個性といってもよいですが、この対応をどう考えていくか。もうひとつ、あらゆる生命体は進化の産物ですが、このことをどう考えるか。

　以上の3つが、都市・建築に生命体というアナロジーをもちいる時に、注意しなければならない課題であると思います。

　建築や都市が情報化するにつれて、環境変化を素早く認知して、それに対して適応していく、建築や都市が外界ないし環境とインタラクティブな関係をもつ一種の生命体なのだと、考える。こういう言い方は、よくわかりますが、前述の3つの条件を取り残すと難しい問題になる。

　同時に、もうひとつアナロジーを考えるにあたっては、機能としてのアナロジーと、構造としてのアナロジーの2つがあると思うんですね。これは本来、両方くっついているんだけれど、たとえば、生命体機能の上で一番基本的なのは消化器系、「人間は、所詮胃袋に目鼻のついたものだ」というけれど、基本的にはそういうものですね。消化器系、次に循環器系、泌尿器系、生殖系（産婦人科系）、神経系というような、医療のアナロジーから建築・都市の機能をみていく、というやり方があります。たとえば、物流を静脈系と動脈系

に区分するのは、その類です。このほかライフラインをはじめ、丸の内を東京の「顔」、霞ヶ関を「頭脳」という等のアナロジーはたくさんあり、有効だけれど、先ほどいったDNAをはじめとする3つの条件をどう理解するかが、問題ですね。

そういう意味では、生態的な「群落」として理解していくのもひとつの方法ではないかと考えています。都市をサンゴ礁としてみるのがいいと思います。サンゴ虫は、群体をなして生活し、その石灰質の骨格が堆積しサンゴ礁がつくられる。都市のアナロジーとしては、適切だと思います。

定点観測を宇宙人がしているとすれば、長い歴史のなかで都市はサンゴ礁のように見えるのではないでしょうか。時空間的に拡大と縮小を環境変化に応じて繰り返していく、そういうアナロジーをベースにしながら建築や都市を理解していくやり方が、じつは割合と納得のいく方法なのかな、と。この方法だと遺伝子などの問題を抜きにしてもいけるのではないかという感じがしますね。

——高橋先生はずいぶん早い時期からセンサーシティのことをおっしゃられていましたが、それをお考えになるきっかけは何だったのでしょうか？

高橋 人間はその身体的機能を道具ないし機械として外化することによって進化してきました。したがって、人間の生活には、道具と人間という関係がどこでもある。それが現在、機械と人間になりつつあるわけですね。産業革命以降、最初に外化されたのが、運動器官ですね。つまり、動力機関を外化したわけで、それがエンジンです。

その次に出たのが、コンピュータですね。これは脳の機能を外化したわけですね。第3の外化は、いま起こっているけれど、センサー機器でしょう。目や耳といった感覚器官の外化がおこなわれている。動力のみの機械を第1次マシン、それにコンピュータがついたのが第2次マシン、さらにセンサーがついたのが第3次マシンとなる。これに対応し、建築や都市もどのレベルの機械を装備するかによって、1次、2次、3次に区分される。そうすると、センサーシティとは、第3次マシンを装備した都市ということになります。

——空間生命化が概念だけでなく、実際の技術が伴うようになってきたのです。いま知能情報の分野やロボッティクスの分野は、どんどん都市や生活空間のほうに出たがっているんです。まさに新しい地平にいくのではないかと。

高橋 その通りです。ただそのことを考えるにあたっては、空間と同時に時間にも配慮することが大切です。カントは、「地理は空間学であって、歴史は時間学である」と言いましたが、それ以降、時間と空間を、分けてしまった。しかし、時間と空間をいっしょにしておかないといけない。生命体は、時間的存在であると同時に空間的存在である。白川静が、存在とは、時間的にも空間的にもあるものだといっています。存は、時間的にあること、在は空間的にあることをさしている。つまり存在とは、時空的にあるということなの

です。その意味では、時間・空間的存在としての都市、時間・空間的存在としての建築、を対象にして、生命化を考えなければならない。

——そのときに、これまでのプレネットワーク時代の時間・空間といまの情報化が進んだ時間・空間とは決定的にディメンションが増えてきているわけですよね。サイバー上のスペースも広がり、これまでよりも時間と空間は拡張してきています。

高橋 サイバースペースといってしまうので、サイバーな世界を空間として捉えてしまう。フィジカルな空間に対立してサイバーな空間がある。しかし、サイバーな世界は、時間でもある。つまりサイバータイムですね。電話はリアルタイムですが、インターネットは、相手が必要な時に開けるわけだから、時間の調整をしているわけです。これを、サイバースペースといったために時間をなおざりにしてしまった。これは反省すべきことだと思います。生命体とのアナロジーで面白いのは、生と死、成長と衰退という視点から建築・都市をみなおすということですね。

これまで、アナロジーを使う時に、ポジティブな面だけをとってきました。それはそれでいいと思うけれど、意外にアナロジーで重要なことは、ネガティブな性格をみるところだと思います。個体としての生命体がそうであるように建築もまた衰退し死ぬ運命にある。このような前提にたって、建築や都市について議論をしていくといいのではないかと思います。たとえば、都市が時間・空間的に分節化していて、一部を交換することによって再生できるとか。

——建築に置き換えてみるとわかりやすいですね、建築の寿命も長くなっていますからその間、リノベーションやリフォームなどで機能を変化させて、そこにもっといろんな機能やインテリジェンスが入ってきてもいいのではないかと思います。

高橋 おっしゃるとおりですね。建築の生と死に一番関係しているのは、制度だと思うんですよね。制度のほうがものすごい長生きしていてね、どうしようもなく長生きですよね。保守と革新というでしょう。保守はコンサバティブ、つまり、conservationということですね。よく森林保全とか鉄路保全という、あの保全と同じなんだね。システムは変えない。パーツだけ替えて一定のアウトプットを出す、これが保守の基本方針なのです。それに対して革新ないしリベラルというのは、システムまで変えてしまえ、というわけね。ここで大きな問題になるのは、システムのリデザインをしている期間サービスがとまってしまうということです。社会制度とか都市の場合は、機能停止したら困るわけです。環境が変化するなかで、保守だけでいくわけにもいかない。そうかといって革新でも困る。部分が変わることで全体が変わるシステムってないのかという疑問が生まれる。それがあるんですよね。それがメタボリズム。まさに生命体の基本的な設計コンセプトです。メタボリズムが最も基本的なアナロジーとして都市や建築に有効だと思います。

――どうしてメタボリズムは、約50年前に概念を構築したのに実現化しなかったのでしょうか。

高橋　都市や社会を生命体とみなす、つまり都市・社会有機体説は、18-19世紀までさかのぼることができる。20世紀になって、この有機体説が一度は否定された経緯があります。50年以前には、メタボリズムやホメオスタシス等の概念を建築・都市に適用するのは、少々時代遅れだとみられたのです。

――当時日本は高度成長で新しい都市を作る時期で、そのとき出てきた理論だったけれど、むしろ、メタボリズムは、いま一巡した都市をどう新陳代謝するのか、といういまの時期のほうが合っているのではないでしょうか。

高橋　おっしゃるとおり。アナロジーとしての生命体は、今のほうが現実感がある。残念ながらアナロジカルな推論は、流行り廃りがある。はじめは新鮮に聞こえるが、普及してしまうと、それ以上進まなくなる。アナロジカルなアプローチの危険性は、ファッション性を持つことだといえますね。

――ただ、ようやく技術が追いついてきたのではないかと思っていて、たとえば、中銀のカプセルは一度も交換されなかったけれど、物理的なものだけで、新陳代謝を実現しようとしたところに無理があったのではないか、と思います。

高橋　それはありますね。設計概念と原材料や技術との間にギャップがあって、実現に無理があった。だから、ある種のコンセプトアートみたいだった。みんなコンセプトアートとしては、面白いなといっていたけれど、本当に機能するとは思っていなかった。いまになっていよいよ技術的に可能になってきたわけです。

　そういう観点から、建築史を見直すというのは案外面白いですね。コンセプトが先に出て、技術が追いつかないとか、技術が先に出てしまってコンセプトが追いつかない、とか。そういう観点から見直すことは意義がありますね。

　生命とか新陳代謝とか、生命体から体をとってしまうこともよいのではないでしょうか。いまの日本では、都市化というのは地域開発のリーティングコンセプトにはならない。でも都市再生はいつまでも必要なわけですから。だからもう一段抽象度をあげて、都市・建築をその生と死、そして再生という、生命連鎖ないし継承という観点から整理する必要はありますね。

（2007年6月4日　六本木ヒルズ49階ヒルズアカデミーにて）

空間生命化と建築・都市の未来 2

［インタビュー］
菊竹清訓（建築家・菊竹清訓建築設計事務所）

——今回のテーマである空間生命化という視点から建築と都市の未来をみる、とはいかがでしょうか？

菊竹　とても重要なことをこれからの問題として取り上げて、これほど本格的にやってらっしゃるのには驚きました。空間の生命化という言い方がいいのかどうかはわかりませんが、しかし、建築とか都市をまったく別の観点から見直さなければいけないということが、やはり問題になってきているのだと思います。それを具体的に解く方法は、今日初めてお話するのですけれども、アメリカの方も、わかってやっている人は本当に少ないと思います。本当にやらなきゃいけないのですが、まだどこもやっていないんです。ドイツもやっていないし、アメリカもやっていない。1つのモデルになっているのは、電気通信ではどのようなことをスタディしているかですね。それが、高木先生という、システムサイエンスという言葉をつくられた方です。そして「システム科学」という本を出されました。この方が電気通信の伝統のいわば継承者で、もうお亡くなりになりましたけど、とてもおもしろい方だったのです。なんでおもしろいかというと、最初の出発点は、電力線と通信線と両方を地域開発の時にどんな風に引いたらいいのか、ということをまず具体的に考えられたわけですね。人口が少ないときには電線を引っ張ってくるのにその家だけ供給すればいいのですが、だんだん人口が増えてくるともっとどんどん電線をのばさなければいけない。そのうちに人口がもっと増えてきて、そして今度はそういう中で落雷なんかでどっかの線が切れたとか、どこかの通信線が故障したとかという問題がおきてくるわけです。そうすると、それをバックアップするために、どのルートを通ってバックアップするか、ということを考えなくてはならなくなります。それを「回路工学」と呼びます。回路工学研究室ということで研究があるわけです。電気通信ですから、ただ、単に図形的にこうしたらいいんじゃないか、ということではないんです。ものすごい数式があるわけです。電気のエネルギーと通信線とを都市の発展にともなってどのようにやっていったらいいのか、ということをやっているわけです。それをロスがなくて、過剰投資がなくて緊急の場合にも対応できるという、バックアップシステムができあがる。そういうネットワークを網の目のように都市でやっていくわけです。ちょっと見ただけでは我々の数学の知識ではまったくわからないような行列式なんです。ところが、電気通信の人達はその式を見ると、だいたいこの答えはいくつだと、ぱっと見ただけでわかるんですよね。それぐらいトレーニングされている方々なんです。世の中

には偉い人達がいらっしゃるもんだなと思いました。高木先生の本は絶版ですが、古本でも良いからご覧になるといいと思います。

　内閣から各大学、各研究所、研究機関、10ぐらいあったと思いますが、「日本の将来」ということで、委託研究を受けました。高木先生がご存命の時ですから1970年ぐらいの頃ですね。その時、早稲田大学のグループの中心になってやられたのが高木先生です。その時、各大臣を始めとして、日本のトップの官僚が70人から80人が聞いているところで、一案ずつ各大学の方々がご説明をしました。説明といっても日本列島はどうだとか、緯度経度はどうだとか、長さがどうだとか、そういう説明からはじまるわけです。5つや6つ聞く間に、みんなくたびれてくる。そういう時に、高木先生が早稲田大学の案として、こうした考え方はシステムサイエンスで考えなければいけないと思ってスタディをしましたと。システムサイエンスといっても当時はどなたも聞いたことはないし、高木先生の造語ですから。カエルの前をハエが飛び回る。それをカエルはパッと食べるために捕まえることができる。ところが、カエルにずっとゆっくりゆっくり近づいてくるヘビに気がつかず食べられてしまう。都市計画も国土デザインもシステムサイエンスの面から見ると、そういうカエルのような立場の計画ではダメだと。つまり、社会がいろいろ経済的にも政治的にも動いている。そういうものを見てパッとやってうまくいく、うまくいかない、ということを言っているようではダメだと。じつはじっくり近づいてくるヘビのようなものにどう対応するか、ということを考えなくてはいけない、ということをおっしゃって、皆驚かれました。聞いていた方々にものすごく印象に残ったようです。なぜ、カエルはヘビに食べられたのですか？と聞くと、それは簡単なことです、目の構造が違うんです、とおっしゃった。つまり、非常にスピードのはやいものを認識できる目の構造をカエルは持っている。だけれどゆっくり近づいてくるヘビは見えない。だいたいにおいて、日本の将来というものはほとんどの人が見えない。だけれど、そういうものをちゃんと専門家は意識をして計画をつくらけばいけないとおっしゃったわけです。論題に「ピラミッドは網の目の構造」というタイトルをつけたからいけないんです。この「網の目」を「ネットワーク」とやっておけば今でも通用すると思うんですよ。それを「網の目」なんてことをいったから、何をいっているのかさっぱりわからなくなってしまった。高木先生はこれを聞いたら嘆いてらっしゃると思います。

　ネットワークをどうするかという問題が重要なのです。ネットワークのことをじつは、ルイス・カーンと論争した時に、学校建築は何でできているか、といったら、ルイス・カーンは、教室と廊下でできている、といいました。教室はマスタースペースだと、それに対して、ネットワークになる廊下はサーバントスペースだと。学校建築というのは、みんな教室をいくつつくるか、どうつくるかという方が大事で、どう結ぶか、というネットワークの方がお留守になっている。ルイス・カーン先生は彼の方法論からするととにかく、ネットワークはただ、

単なるサーバントスペースだとおっしゃっているわけです。僕はそうじゃないんじゃないかと。教室と教室をどう結び合わせるのかという、その通路とか、草、芝生を通して学生を通らせるようにすれば、芝生というのはどんな形で使われるのか、というのがものすごく重要な役割を持っていて、ただ単なる廊下で結ぶのではなく、ひさしで結んだらいいのか、あるいはサインで結んだらいいのか、ということがものすごく重要だと僕は考えているわけです。それで、ものすごくルイス・カーンと論争をしたわけです。しかし、論争の決着がつかないうちに亡くなったわけです。部屋でしょっちゅうその論争の続きをやったわけですけれど。たぶんそういう意味では、まだ、都市計画でもつまり、道路っていうのは補助的なものでビルの方が重要だとみんな考えていると思うんですが、本当はそうじゃないんですね。そうじゃないと僕は思っているんですね。

いずれにしても、空間の生命化っていうのは究極的には、情報システムをどうするか、その所の一番コントロールする脳をどんな風につくるか、ということだと思います。これは今でも、日経新聞でやっているニューオフィス賞でどの程度そのニューオフィスが情報システムをちゃんとやっているのか、ということを見ています。そういう点で、日本は世界をリードしなければいけないんです。日本の方は非常に頭がいいですからね、すぐ日本は世界一になると思います。

建築と都市の未来をそういう考えた方からどう見るか、ということですが、生物化、生命化ということでは前にも書いたことがあるんですが、建築物、都市の構造、そういうものを一番最初骨格系でいって、骨格系から筋肉系で、そこから神経系で、そこから、最終的に脳の組織、という問題になってくるわけですね。そんなことから言うと、建築と都市の未来というものを考えた時に、相当変化する、ということを考えなればいけない。変化ができるものをどうつくるか、という話なのですね。だから生命化ということにつながるんじゃないかと思うんですが、それは非常に複雑な工学的なバックグラウンドがあって、そういうものから、実際にどうあったらいいか、というものを考えることになる、と思います。そのことをぜひ議論にしていただければいいんじゃないかと、思っています。

——メタボリズムで描かれた都市・建築のなかで、その後実現できたと思われることは何でしょうか？

菊竹　メタボリズムというのは川添さんが、東京デザイン会議の時に、日本から提起できるものとして、生物化というものを考えて、そういうことをできる建築・都市ということでメタボリズムという言葉がいいのではないか、ということで命名したんですね。メタボリズムというものは、日本でも相当曲解されていますし、世界中でも、なんとなくなにかひとつの流行のデザイン運動のような印象で受け取っていてですね、非常にテクノロジカルな、工学的なバックグラウンドがある、ということを気付いていらっしゃらない誰も。おそらく評論

家の方もみんな間違って説明されたり書かれたりしている。そういう風に、建築でもし、変化するような様子を将来取り入れなくちゃいけない、ということになったとき、どういう問題があるのか、ということを考えていかなければなりませんよ。

　機能主義、ファンクショナリズムというのが、建築を考えていく上でのひとつのアプローチという風に考えられていて、それが、近代建築を考えていく上で、ベースとして考えられていたのだけど、機能というのは翌日には変わってしまうんです。つまり、変わるものなんですね。今日良くても、明日はまた違う。そのとき日本の生活を考えると、自由度をたくさんとっておく、というのが重要なんです。固定化するっていう考え方は日本ではあんまり伝統的に考えられてこなかった点がある。メタボリズムの思想、というよりは日本がずっと続けてきた歴史というものの上に立って考えるということがとても重要で、その歴史っていうのは、各国では創造できないような人間の自由をずっと拡大してきたわけですよね。今話をしているメタボリズムの思想というのは、メタボリズムの思想といっていいのか、日本の思想といったほうがいいのか、そこのところは慎重に考えていただいた方が、いいんじゃないかな、と。堂々と日本の伝統をちゃんと取り上げて頂くような形にしていただいた方がいいんじゃないかと思っています。

──菊竹先生の中では、メタボリズムの思想は 日本の歴史を踏まえた思想であり、その中に内包していると考えてよろしいのでしょうか？

菊竹　ええ。私はメタボリズムという意識は全然なかったわけです。僕は1958年に自分のうちをつくり、塔状都市とか海上都市とか人工都市なんかを発表したのが、1950年代の終わりですから、1960年にメタボリズムという名前をつけて、グループでというより、グループの作品をにわか集めで集めて、それに無理矢理メタボリズムという名前をつけたわけですね。だから僕はあんまり、メタボリズムでどうというのは特にありません。こっちの言葉の方がひとり歩きをしてしまったんです。川添さんがおっしゃるように、建築というのが、生物的な環境とか、生物的なビヘイビアを持たなきゃいけないと言ったことに関しては、僕は決して反対ではないし、いいと思っています。

──菊竹先生がおっしゃられている「空間が機能を捨てる」ことは情報化、知能化の進展によりさらに実現できるのではないか、と思われますが、いかがでしょうか？

菊竹　「空間が機能を捨てる」というのはですね、言い方はちょっと良くないかもしれませんが、機能で何でも考えてことがすむと思ったら大間違いで、機能というのはしょっちゅう変わるものなんですね。ですから、空間というものは空間という実態が非常に重要で、それを意味づけたり、そのときにどんな風に使ったらいいか、というときに、機能という問題がでてくると。空間というのは、今でいうインフラストラクチャーのようなものですね。これは完全にヨーロッパでは逆転しているわけです。機能がすべてを決定すると思ったわけ

ですね。「タイトスペース」という本をロバート・ソマーという方が書いていて、これはとてもいい本です。おもしろい本です。それでね、そこでいっていることはですね、現代建築を機能的につくったらあなた方は結果的にはどうなるか、それは刑務所をつくることになるんですよといっているわけです。ここはさわっちゃいけない、ここはなにをしてはいけない。そこはとにかく寝るところ、そこは何をするところって全部決めてしまう、という。コンクリートですから、全部囲ってしまいますから。そういう現代建築の方向は間違っているんじゃないのか、ということを問題提起された方です。心理学者です。ですから、機能一点張りでやっていくことに関しては、今グロピウスさんが、ドイツでやったああいう教育なんかも、ジートルングなんかの計画なんかも、ものすごく若い人たちが批判しているわけです。なんでこんな部屋なんかをつくったんだ、と。それから、部屋をぐるーっと広場をとりまいて部屋をつくっているわけですよね。日本人だったら、南にむかっている建物と北に向かっている建物の性能っていうのはよくわかるわけですよ。ところが、ああいう北の国の人たちって言うのは、方向感覚がないんですよ。だから、広場を囲んでやってそのために非常に生活しやすい所と、本当にこれでいいのだろうか、と思うような部屋とができているんです。ところが、みんなそれを見てこないんですよ。みんなジートルングにいったら、これは大先生が設計をされたもので、かつての理想的な住宅計画なんだから、と。近視眼的に見れば、ある部分においては確かに、真ん中に広場があるからとてもいいんですね。ところが、その建物ひとつだけをとったら、全体として本当にみんなの生活が良くなっているかどうかって言うのは、再評価しなきゃいけない、ということにやっと若い人たちが気がついて言い始めているわけです。そういう激しい議論で、前の建築家の人たちを失敗だ、ということをいっている空気が、日本に伝わってこないんです。本当に残念だと思います。だから、そういう意味では、僕は、まあ「空間が機能を捨てる」けれども、生活はちゃんと位置づけなければいけない。生活の自由ってことを位置づけなければいけない。そんなことを考えています。

――菊竹先生の中では、動くっていうことが大きなファクターなのですか？

菊竹 家具なんかは、みんな固定することは空間を拘束するわけですよね。タイトスペースになってしまう。だから、なるべく車をつけて動かしたり、置いていたりという形にしています。それは空間をどう生かすか、ということです。

――建築と都市の未来について、菊竹先生のお考え（ビジョン）を是非お聞かせください。

菊竹 建築と都市の未来というのは、これは唯一東急の五島昇さんが、自分のところで、極端に言えば、資本家がね、郊外の土地を買って線路をずーっと引きましたが、最近では人の土地ばっかりの所に線路を引いちゃうわけですよ。そこの地主さん達は、値上がりを待って絶対に売らないんですよ。とにかく、東京の郊外の地主っていうのは、協力どころか、

まったく非協力でしたね。先にネットワークを引いちゃうと、どういうことになるか、ということですね。つまり遅れるわけです。それを遅れないようにして、ちゃんと必要性のあるネットワークをつくりあげていくっていうのはとても大事なことなんですね。そうはいってもいくつかの事例があって、そのルートがとても良くできあがっているところがあるんです。それは、桜並木のルートとか、田園都市の中でも、3,000haあったんですけど、そんな中のほんのわずかですけど、まず1%にもなりませんが、そこにすんでいる人たちがお互いに話し合って、敷地のまわりに花を植えたりして、花壇をつくったりして花の道をつくったり、ということをやっているんですね。

――それもある意味ネットワークですよね。

菊竹　そうですけども、これは、未来の都市を考えることについて、建築のハードからの、建築だけ、とかネットワークだけ、とかではなくて、もっと人間の心の問題なんかをどんな風に扱っていったらいいのか、というのがこれから非常に大きな問題だと思います。

――先ほど回路のお話で電気のお話がでてきたと思うんですけど、ロボット工学というのは電気通信から発達した制御技術ですよね。そういう流れがあると思うのですが、今回の空間生命化といったのは、単に情報化、というだけでなく、ロボティクスであるとか、知能情報という分野なんですけれども、そういうインテリジェンスを空間に埋め込んでいくというような考え方が非常に盛り上がっていまして、建築とはかけはなれているように見えるのですが、ある種のシステムのようなものが非常に高度化されて空間の中に埋め込まれていく、と。今後そういう風になるんじゃないかって気がしているんですけど、そういうことっていうのは、客観的にとらえると、菊竹先生の印象としてはいかがなんでしょうか？

菊竹　それは徹底して、可動性を持っているか、いないか、という問題になります。日本の座敷なんかで、うまく使うときは、テーブルでもなんでも動かすものを持ってきて使うわけですね。屏風なんかも、建具の発明ですね。これらはもっともっと進んでいくと思います。建具のいろんなディテールはガルトナっていうドイツの会社がやっています。本来は日本がやるべきです。ところが、日本のサッシ屋さんは全部安物競争をしちゃったんです。ですから公団の住宅の窓なんかもね、安いものにしようっていうんで、二重ガラスにするといったこともみんな無くしてしまって、音なんかも完全に遮蔽するとか、ロックするのにどこででもぱっと止められるような装置もみんなガルトナの方にいってしまって。本来は、日本がやらなきゃいけないんですよ。昼間はとにかく広く使って、夜だけちゃんと個室になるなんてこともいくらでもできるし、見えるならほんのちょっと見栄えするように、障子とか、電気で曇りにしたりというともできるし、音も光もね、どちらも自由自在にやれる。そういう技術にまで発展してきてるんですね。それが、しかも壁の中に全部入ってしまうっていうのは、これは本当に海外の人たちにとっては驚異的な事ですね。

それの一番究極は、都市のロットをとにかく動かしちゃおうっていう。動かすのが一番いいと。それでフローティングになるわけです。土地の権利が発生するでしょう？そういう発生したものは、動かしますよ。とそんなに言うなら、どうぞ、と。やっぱりそういう意味で、あまり私権を大きくしてしまうことは都市の障害になりますね。そういう意味の都市っていうのはメキシコシティぐらいしかないですからね、フローティング都市というのは。メキシコシティの文献なんかが、もう少し出てきたらおもしろいと思うんですけどね。

　ロボットに関しては、車イスの研究が遅れているんです。車イスをもうちょっと高度化して、電動でどんな風にでも行動できるようにして、自由に建物の中を動き回ることのできるように、上下ができるように、リクライニングがでるように。そしてコンピュータを入れて、家具を移動できるものでなおかつロボットにできれば、相当寝たきりでも行動できるんです。義手義足、これは日本はお得意ですよ。その人にあった義手、義足をつくって仕事をしたらいいと思います。大脳がちゃんと働かない、ということになったら仕方がないですけど、それまでは、行動することがむしろ健康なんです。それを実際にやっているのが、アメリカのサンシティというところなんです。そこでは、動く車いすが街路にでてもいいということになっているんです。総合的に考えると、日本はすごく能力をもっているんです。僕もそうなりたいと思っているんですけれど、とにかく、自分がやりたいと思っていることは、やれる間は全部自分が行動してやる、できるという状態にしないとだめなんです。部屋に置物を置いてはいけないんです。ベットみたいなものを置いてしまうと、そこは動けなくなってしまいますから。

　一番女性の方にやって頂きたいのは、キッチンの計画です。システムキッチンの一番良いのは、ドイツのものですよね。料理をつくらない国ですよね。奥さんも何もやらないんです。お皿が汚れるからやめとこう、と。そんなところのシステムキッチンがいいものであるはずがないんですよ。やはり、フランスだとか、イタリアといったところの台所でどういう料理をつくるのか。スパゲッティならスパゲッティをちゃんとやれるのか、つくったものをどんな器で出すか、という。日本みたいに季節によって器が違うなんていうのは、本棚みたいにちゃんと並べて、春になったら春のお皿、食器類が全部でてくるという。そうするとものすごい量になるんですよ。テレビで見てますと、ほとんど料理作らない方がでていますよね。おもしろがってちょっと手は出すけど、自分では料理をつくらない、と。そういうおうちならシステムキッチン、台所の設計なんてやる必要がないんです。調味料から、食器、道具類の置き場所なんて中学の高学年ぐらいで、そっくり同じものをつくって、掃除をどっからやったらいいのか、ということを教えるようにする。掃除も順序があるんですよね。食器に関してはコミュニティもあるんですよ。仲良し同士で必要なもの、ビヘイビアがあるんです。動く範囲が、どこまで動くか、ということです。店屋物をとって食べたものを床に置

いたりするのは、どんぶりにとっては大変な不名誉なことなんです。床上少なくとも40cm-50cmから90cmぐらいの範囲で移動する。そういうようなひとつのルールがあるんですけれども、フランスの雑誌でそういうものを特集しているのをずいぶん見ましたけど、近頃は目につかなくなりました。フランスも最近は料理をしなくなってきたんでしょうか？男のひとだってやっぱりやらなければいけないし、家族全体でやらなければいけません。家族全体で料理するキッチンはどういうのだったらいいのか、という問題があるわけです。そういう研究が必要になってきます。

――とくに食事は大事な仕事ですからね。

菊竹　セブンイレブンなんかいくとぞっとします。いい学生が、朝からあそこで買って食べるわけですね。朝ご飯ぐらい、ちゃんと食べさせればいいのにと思います。

――オフィスもそうなればいいですよね。

菊竹　日本のオフィスに関しては、ヨーロッパとかアメリカから勤めに来た人、とくに家族も一緒に来た人からはとにかく苦情がでる訳ですよ。郊外にいて、お芝居なんか見に行こうとしても、一緒に食事をしてから、お芝居なり、音楽会などにいけないわけです。ところが、デ・ファンスでは行けるわけです。都市はね、もう年齢別に奴隷が働いているという場所になってきている訳です。日本は。

（2007年6月12日　音羽の菊竹清訓建築設計事務所にて）

　菊竹先生のインタビューでは、空間生命化と建築・都市の未来について、生前、事務所に直接お訪ねしてお話を伺った。

　菊竹先生は、建築を生物や生命の視点からとらえ直すことについて、基本的に肯定的でありご興味が多いにおありのようだった。インタビューの中でたびたび「ネットワーク」というキーワードが出てくるが、情報における「ネットワーク」だけでなく、空間と空間の「ネットワーク」や人と人との「ネットワーク」も大事に捉えていらっしゃる様子が、印象に残った。「ネットワーク」すなわちそれらの関係性が重要なのである。

　また、「『空間が機能を捨てる』けれども、生活はちゃんと位置づけなければいけない。生活の自由ってことを位置づけなければいけない」と仰られているように、建築空間と人の生活のあり方が常にセットで存在する菊竹先生の思想が、改めて浮き彫りになっている。これは建築のハードが大事なのではなく、人々の生活や仕組み、システムの流れ、すなわちソフトが最重要課題であり、それを実現するためにある建築空間こそが生命思想に根ざした建築である、とする本著の考えにも通ずるものである。最後のキッチン計画のお話では、キッチンひとつの計画においても、どのような器を使って、どのような食事を

つくるのか、どのような動きなのか、その一連の流れを理解しなければならない、といった趣旨のことを述べておられる。どんぶりひとつにも心を割いて計画に熟慮が必要である、との教えは、菊竹先生のお人柄を映し出すとともに、心ある真の計画とはなにか、鋭い問題提起を突きつける。生活・文化が総合的にシステムにつながり、建築空間と連動する、心強い生命建築へのメッセージである。

建築と時間
生命から学ぶ建築のつくり方

［インタビュー］
伊東豊雄（建築家・伊東豊雄建築設計事務所）

自然と幾何学

――日本建築学会のサスティナブル情報委員会では『生命に学ぶ建築』というタイトルで現在書籍をつくっています。この書籍では、形態的な模倣ではなく、システムそのものを生命に学べないかと考えており、福岡伸一さんの言うような動的平衡や、相互作用、成長、再生といった切り口で、事例を集めています。それとは別にインタビューを行っており、伊東先生には、ぜひ生命体というところから、建築を作るにあたってのお考えをお聞きしたいと考えています。

伊東先生は風の建築や、せんだいメディアテークでの海藻のメタファーもそうですが、自然界のものや諸相など、生命体に関わることに興味をもたれてきたのではないかと推測しているのですが、まずは生命や生命体から建築のインスピレーションを得たことはありますでしょうか？

伊東 21世紀になって、エコロジーとかサスティナビリティが、建築・地球環境にとっての大きなテーマになるにつれ、自然と建築、あるいは自然と都市の関係を見直すということが、僕の中では非常に大きな、ますます大きな問題になりつつあります。最初は、20世紀の建築が自然との関係を断ち切るという方向で来たということへの疑問からスタートして、もう一度、自然と建築との関係をどう取り戻すというか、どう修復していくのかを考えるようになりました。

自然と建築と言った時に、最近、中沢新一さんの昔のエッセイを読み返して、示唆に富んでいると思いました。チベットの密教寺院の話で、チベットの人たちが建築を建てるときですら、幾何学にどうしても頼らざるを得ないと書かれています。一方、自然は幾何学で構成されているわけではなくて、もっとダイナミックで、流動的でいつも揺れ動いています。だから揺れ動いている自然の中に建築を建てることには基本的に矛盾（パラドックス）がある。チベットの人たちはそこで、一見、平面的な幾何学を使っているように見えながらも、内部に入ると自然のダイナミズムが伝わってくるようになっていて、そこにトランスフォーメーションがあり、それが、胎内にいるようなゴージャスな感覚だと中沢さんは書かれているのです。

そのようなトランスインフォメーションには僕も関心がすごくあります。建築は幾何学を使わざるをえない。しかし、本当は人間って、建築の外にいる時のほうが、いきいきとし

ているし、幸せを感じているかもしれないというところに矛盾がある。本当は建築をつくらないことがベストだということかもしれない。けれども、少なくとも、今、東京で蔓延しているような高層化する建築や、3.11以後の東北で防潮堤をつくって、かさ上げをして、山を削って、技術によって自然は克服できる、という思想でつくられている事実は大きな疑問を感じざるを得ない。人間は自然に対していつも畏れの気持ちを持ちながらも、そのことをどう建築に活かしていけるのでしょうか。

美しい建築から力強い建築へ
伊東 そうやって建築を創る時に、もう少し自然に近づいていくような幾何学の変形ができないかと思っています。それは、操作的に幾何学を変えていくことだけではなくて、人の動物的な感受性を建築にどう乗り移らせることが可能かということです。言い換えれば、美しい建築から力強い建築へと心がけるようにしています。
——力強い建築ですか？
伊東 人間の五感にアピールしていく、そういう力強さを建築にどうやって入れ込むことができるか。それは自分一人でできることではないと思っています。例を挙げれば、「せんだいメディアテーク」は当初コンペの段階では、もっと美しいチューブを作ろうと思っていたんです。構造体としての柱じゃなくて、光のチューブによって床を支えるということを考えていました。でも、構造エンジニアの佐々木陸朗さんから、そんなものはできないよと言われてしまって、もっと強いチューブが出てきました。それを最初に見た時には、ちょっと違う、もっと繊細にできるという気がしていた。ところが、コンペを終えて住民説明会に臨んだら、猛烈な反対運動があったわけです。そうした時に、「このチューブこそ自分を守ってくれる、これは、押しても引いても動かないぞ」と、自分がチューブに頼るような気持ちになったんです。美しいチューブから力強いチューブへと自分の中での気持ちの変化が出た。結果、竣工してみるとなかなか力強いものになった。利用する人はそこにシンボル性を感じて、それに十数年経った今でも集まってきてくれる。単に地上に建てた柱ではなくて、地中から立ち上がってきた樹木のような強さが表現できたかなと思っています。利用する人は、僕が反対にあった時に、「この柱が守ってくれる」と思ったのと同じような、信頼感を抱いてくれているのかもしれません [図1]。
　東日本大震災の後も、最低限の補修をするのに2カ月閉館を余儀なくされたのです。でも再開した後の、「メディアテーク」はものすごく良い雰囲気だった。人々が集まってきて、自分たちが何かしなくてはいけないという気持ちにあふれていた。そういう存在になり得た。幾何学でしかないんだけれど、その幾何学の中に込められた力強さが、人間の感受性にアピールしてくれているという気がしています。

プロセスから立ち上がっていくような建築

——美しい建築から力強い建築へという考えをされるようになったのは「メディアテーク」がはじめてでしょうか?

伊東 「メディアテーク」に至って、また別のフェーズに移行したと言えると思います。それ以後、「岐阜メディアコスモス」とか、「台中オペラハウス」とかでいろいろと試みています。台中はメディアテーク以来の建築だといろいろな人が言ってくれますが、同じような意味で非常に力強い建築だと思います。

台中はコンペは勝ったけれども、その後どうやってつくったらいいのか、いつまでにできるのか、どのくらいお金がかかるのかまったく検討がつかないままスタートしました。設計は進んでも、それが実現する保証はまったくないという状態でした。

世の中の建築の99%はグリッドシステムですが、それを変形しながら、どうやって自然に近づけていけるかと考えて、あのような幾何学に変わっていった。今のテクノロジーを使えば、デザインとしては難しいけれどできたんです。けれど、実現しようという時にはとんでもない大変なことだった。台湾でよく実現してくれたと、すごく感謝しています［図2］。

図1:チューブに寄り添う利用者たち(せんだいメディアテーク)

――台中の変形された幾何学もそうですが、やはり建築にするには何らかの着地をさせないといけない。何らかのシステムが必要ですよね。そういう時に、生命が持つような複雑なアルゴリズムを参照されたりということはあるのでしょうか？

伊東 そこまではいっていないですね。まだまだ力技です。

――興味はあるけれども、そこまでシステマティックにはやらないということですか？

伊東 やはり、建築は現実の技術を使いながらつくるしかない。自動的にコンクリートが打てたり、溶接できたりするような技術までいけば変わってくるかもしれないです。ただ逆に、そういうものが楽々できてしまうと、綺麗な建築になってしまうというか、どろどろしたものにならなかったかもしれない。今のようにみんなが期待を募らせるような建築にはならなかったかもしれないという、不思議な矛盾はありますね。

台中の建築を囲い込む公園は、今から2年ぐらい前にオープンして、大ホールも先に仮オープンしています。建物は工事中だけど、その壁にがんがんプロジェクションをして、その下で夜な夜なコンサートやイベントをやっていて、壁にさわれるところまで住民は来て、いつ開くのかとみんな待っていてくれた。そういう期待感が募って、扉が開いた瞬間に、それこそ怒涛のように人が入ってきた。いまだに毎日すごい数の人が来てくれています［図3］。

図2：複雑な形態の躯体を打つ様子（台中オペラハウス）

生命に学ぶ建築　　197

図3：多くの人が詰めかけたオープニングセレモニー（台中オペラハウス）

──写真を見ても何年か前から、ここを使っているようなそんな感じがしましたね。

伊東 まちにシンボルができたんだと、祝福してくれている。 オペラを観るとか関係なく、みんな、サンダル履きで歩き回っていますからね［図4］。 それが、僕は非常に嬉しいです。 だから、生命体は理屈じゃなくて、自分だけでは解決できない、いろいろな局面にぶつかりながら立ち上がっていく。 そのように感じていますね。 人間の人生も同じようなもので、いろいろな挫折があって、それをのりこえたときに逞しくなる。 それと同じようなことが建築には多々あるんです。

──プロセスから生まれたようなところがあるのですね。

伊東 そうなんです。 まさしく、プロセスから生まれた建築ですね。
今も、そういうことが論理的に、どうすれば可能かがわかった訳ではないのです。 自分の力ではコントロールできない、いろいろなファクターによって可能になったと言うことだと思っています。

機能によらない建築

伊東 今日のテーマに応えるとすれば、ひとつは20世紀の機能で建築を考えるという思想が、そぐわないということです。

──「Form Follows Function（形態は機能に従う）」ですか。

伊東 それが建築を不自由にした。日本のかつての自然と一体化した住宅は、機能によってつくられていないから非常にフレキシブルです。 寒い時は南の縁側に出て、寝転がって

本を読んでいた。そういう自由度があって、人が動いていた。

それが、機能によった建築では、年がら年中、ここで寝なさい、ここで食べなさいとか一義的に決めてしまう。とくに公共建築はそうです。

今の性能によって決定づけられてしまっている建築をどうやって、もう一回解きほぐすか。機能によらない建築、それは場所をつくることだと思うのです。いろいろな場所を用意しておけば、その間を人が動けばいい。だから、僕は建築をつくる時に、できるだけ壁をつくらないで、さまざまな場所を連続的に用意して、それを人々が選べるようにしています。
そしてそれは、建築が出来上がってから、どれだけフレキシブルであるか、それを利用する人が主体的にそこをどう活用していくかというアクティビティにつながります。
いろいろなことが自由になるので、建築が活きてくる。それが生命体としての建築をつくる上では非常に重要なことだと思うんです。

メタボリズムでの建築への時間概念の導入
──フレキシビリティと言うのは、建築の「使う」という時間も合わせて考えるということだと思います。

図4：台中オペラハウスの日常風景

時間概念ということを考えると、伊東先生が学生でいらした時はメタボリズムの全盛期でしたよね。メタボリズムは代謝建築という形で時間を扱っていますが、そういうことには魅力を感じられていたのですか？

伊東　僕が学生の時にはメタボリズムが元気なときで、僕もそれにあこがれて菊竹事務所に行ったところがあります。

　ただ、その前に、僕は学部の時にメタボリズムを取り上げて、「建築における時間概念の導入」というタイトルで卒業論文を書いたのですが、その時、3つの時間概念について書きました。

　メタボリズムは、変わらないインフラなものに対して、エレメンタルなものを取り替えていくという発想です。それは、ただ円環を描くだけの成長しない時間の概念です。要するに取り替えるだけだから、発展していかない。

　2つ目はキリスト教的な終末論としての時間です。そして、3つ目にアンリ・ベルクソンの主張する進化していく時間。これが生命体としての時間だと思うのですが、それこそが、時間概念を建築に導入するとしたら重要だということを書いていました。

　菊竹さんもメタボリズムに参加していますが、彼が本当に考えていたのはかつての日本の木造建築だったはずです。菊竹さんは家が庄屋だったので、日本の戦前の住宅での文化的な生活の中で育っています。そういった意味では、菊竹さんにとっての建築とは、日本の戦前につながると思うのです。先ほど言ったフレキシブルな建築ですね。戦前の彼の生活そのものの中に存在していた建築思想が一番魅力的な部分であり、かつ、それを教えられた気がしています。

「生命から考える建築」の21世紀的な意義

伊東　「生命から考える建築」ということに立ち戻れば、福岡伸一さんの語っている人間の身体は自立しているように見えるけれど、自然の中のある状態でしかないという見方は、非常に面白いですね。日本の民家は、里山から、人の棲む場所に向かって水田や畑を耕し、水のシステムをつくり、自然素材で建築をつくる。流動する自然と共生したシステムがつくられていた。自然と人間の関係を21世紀はもう一度、再構築していくことが大きなテーマだと思います。そういう建築ができたら素晴らしいと思います。

――可能でしょうか？

伊東　あくまで、建築って物理的に言えば、一回つくってしまえば、不動のもので、それを永遠のものと考えられています。そうではなくて、絶え間なく変化していくという思想は、ハードの問題よりも、ソフトの問題に近い。どんなふうにソフトをハードに上手く入れ込んだ建築をつくっていけるか。僕はささやかなコツだけれども、それを「使う人たちと一緒に

なって考えていく」ことだと思っています。

　僕は建築を使ってくれる人の心が和むような建築をつくりたい。でも一方で、そのために時代と社会、とくに官僚組織の壁とも関わらないといけない。それは、自分でも矛盾だと思っています。でもただ争っているだけでは意味がないし、穏やかな建築をつくるために、上手くかわしていくようなプロセスをどういうふうに組み立てたらよいのか、ということをこの歳になると考えるようになっています。

――「使う人と考える」という時に、それは必ずしもコントロール出来ないものだと仰っていましたけど、参加する建築家の拠り所とするものというのは何かあるのでしょうか？

伊東　一言で言えば思想につきると思います。その思想も、資本主義社会が、もうそろそろ終わりに近づいているのではないかと言う人もいます。どこかで、みんな疑問に感じていることだと思うので、そこを共有できれば、コントロールという言葉ではないと思いますが、次の時代に向かって進んでいくことは出来そうだと思います。

　今、愛媛県の大三島に通って伊東塾で扱っているよう空き家の再生やみかん畑の転用など、ささやかな問題です。それでも、実際にやってみると本当に大変です。

　でも、伊東塾の若い人たちは、そういう労を厭わず来てくれるので、きっと何かを感じてくれているんだろうと思います。地方でやっている小さな活動が、いずれ島だけでなく、大都市に逆に戻ってくるはずだという想いでやっているのです。

（2016年11月21日 伊東豊雄建築設計事務所にて）

あとがき

　日本建築学会における「生命に学ぶ建築」に向けた旅は、2007年から始まった。

　「空間生命化」という言葉は、2006年に慶應義塾大学で行われた自主的な研究会で初めて提示されたものである。この研究会では、理工学部の構造が専門である三田彰教授、ロボット工学が専門である中澤和夫助教授、当時慶應義塾大学SFCに在籍していた渡邊朗子（当時特別研究助教授）がコアとして参加した。この研究会では、空間を賢く知能化する「空間知能化」のコンセプトをさらに発展させ、人と地球にやさしく健全な自律分散制御型の建築空間の創造を目的として「空間生命化」(Bio inspired space)を定義した。

　その後、日本建築学会情報システム技術委員会内に空間生命化デザインワーキンググループ（以下、WG）を設置し、2007年に本格的な活動を開始することになった。

　当初このWGでは、情報システム技術が社会のなかで普及する背景を踏まえながらより広義に生命化の概念を建築領域に応用しようと、情報システム技術が諸技術と連携して、よりよい生活環境を創造するひとつの在り方として、「空間生命化」を位置づけた。

　最初の問題認識は、情報システム技術が建築空間内に当たり前のように入り込んできた今日、どのように情報システム技術を建築空間の設計・計画に位置づけるか、というところから始まった。しかし、実際にこの問題について掘り下げていくうちに、情報システム技術の建築分野への応用は、建築計画・設計のみならず、建築生産、構造、設備など幅広い領域にまたがることがわかってきた。

　そこで、通常の日本建築学会の活動であれば、計画、構造、生産、設備など各専門分野で分かれてしまうところを、WGでは「空間生命化」というコンセプトを軸に、情報システム技術を中心とする諸技術を建築に応用し串刺しにすることで、新たな建築創造に向けて幅広く議論や知見を重ねていくことになった。

　結果として10年以上にも渡る日本建築学会での「生命に学ぶ建築」の旅に加わった委員メンバーは、それぞれ異なるバックグラウンドを持つ専門家群になった。そのため毎回行われるWGでは、普段ふれることが少ない異分野の事例などが紹介され、刺激溢れる活発な情報交換と議論の場になった。

　2007年度の日本建築学会九州大会では、「空間生命化と都市・建築の未来」と題して、パネルディスカッションを実施した。

　当時の資料を改めて見てみると、大学に籍を置く建築分野の研究者だけでなく、経済分野やロボット分野の研究者や企業の第一線で活躍する方々などじつに多角的な領域か

ら「空間生命化」に向けた事例を寄稿していただいた。本書に収刊した慶應義塾大学名誉教授の高橋潤二郎先生や菊竹清訓先生のインタビューを行ったのもこの時期である。すでに故人となってしまった二人の権威の貴重なインタビュー内容についても当時の資料に収録されている。

　パネルディスカッションでは、情報技術やロボティクス技術を応用し空間を生命体のようにとらえる「空間生命化」の概念をはじめて公に提示した。そして、大内宏友氏（日本大学）、森川泰成氏（大成建設／当時）、長谷川勉氏（九州大学）、三田彰氏（慶應義塾大学）、西田豊明氏（京都大学）を迎え、生命論パラダイムにおける情報技術と都市・建築の融合、その未来の可能性について熱いパネルディスカッションが繰り広げられた。

　その後、WGでは建築と都市の両方を対象にするのは混乱が生じるとして、まず建築の分野に対象をしぼり、空間生命化デザインの事例を具体的に収集する作業を進めることになった。

　2008年には、空間生命化デザインWG第1期（2007年4月~2009年3月）のひとつの区切りとして公開型ワークショップを開催し、それまで蓄積した事例や考察を発表するとともに、大学や企業から講師をお招きし、再び「空間生命化デザイン」の未来について公開討議した。その中で空間生命化の定義や評価軸を明確にする必要がある、という問題意識を共有することになった。

　2009年4月から第2期の活動に入り、2010年3月に「空間生命化デザインシンポジウム2010」を建築会館にて開催した。この時に分子生物学者の福岡伸一氏を基調講演にお迎えしている。当時福岡伸一氏は「生命とは何か」を動的平衡論から問い直した著書『生物と無生物のあいだ』を出版しており、生命に学ぶ建築とは何か、を模索するこのWGにとって、生物分野の専門家を研究会にお迎えすることは、まさに重要な契機となった。

　このとき実際に福岡氏から機械論的生命観に対峙する動的平衡にみる生命の本質についてのお話を詳しく伺い、生命の本質から建築を見つめ直さなくてはならない命題にはじめて向き合うことになった。WGでは、このシンポジウムですでに60近い事例をまとめて発表していたが、評価軸はまだあいまいであった。

　それ以降、WGではもう少し生命の本質を学び、いくつかの軸に絞り込んで事例を再度整理することで、空間生命化の概念を明確化することができないか、試行錯誤が続いた。

　2011年には、日本建築学会関東大会にて「空間生命化デザイン──物質・情報・エネ

ルギーの流れから紡ぐ新時代の建築創造」と題して、再び情報システム技術部門のパネルディスカッションを開催した。先のワークショップから、生命の捉え方や建築の事例の見方について重要な知見を得、それを活かすかたちで活動が進められてきた。WG では、「空間生命化デザイン事例集」として 105 の事例をピックアップし、物質、情報、エネルギーの 3 つの要素についてどの程度考慮されているか、WG による主観的な評価を行い、パネルディスカッションの資料に掲載している。

主題解説では、設計方法研究の第一人者である門内輝行氏（京都大学／当時）から生命システムに学ぶ設計手法の意味について、情報としての生命の流れについて深い知見を持つ池上高志氏（東京大学）からは情報デザインについて、斬新な設計で知られる建築家の藤本壮介氏からは物質の操作からみた空間デザインについて、最新の ICT 関連技術を用いてエネルギーのしくみから設計・計画を試みる森川泰成氏（大成建設／当時）からはエネルギーからみる生命化デザインについて、それぞれご講演いただき、後半表題の内容についてご討議いただいた。

その後、これらの活動をまとめて出版しようという動きが高まっていった。関東大会でまとめた事例集を基に、さらなる整理および定義を明確化させる作業が延々と続いた。

第 5 期目を迎えた 2015 年からは、サスティナブル情報デザイン小委員会の活動として事実上格上げしたかたちで、引き続き活動が進められた。本著の出版の企画が進められるプロセスの中で、フリックスタジオの高木氏、山道氏、建築資料研究社の種橋氏にも活動に加わっていただき、刊行に向けてより生産的な議論が展開した。その結果、序論に示したように最終的な「生命に学ぶ建築」の概念と本著の 4 つの切り口である「動的平衡」「相互作用」「成長」「再生」に各事例が落とし込まれていったのである。

本著は出来る限りわかりやすく「生命に学ぶ建築」の視点を伝えられるよう、写真や図などを用いて説明するようつとめたつもりである。最後に、図版提供などにご協力いただいた方々に感謝の意を表したい。本書が、これからの地球環境や社会をよりよい方向に先導する建築創造に向けて一石を投じることが出来れば、これに勝る幸せはない。

2018 年 7 月
日本建築学会サスティナブル情報デザイン小委員会

[図版クレジット]

石川敦雄｜p.40-42、44-45
磯 達雄｜p.70-73
伊東豊雄建築設計事務所｜p.196-199
大磯町郷土資料館 提供｜p.147
大橋富夫｜p.47
川澄明男｜p.123、124左下
株式会社黒川紀章建築都市設計事務所｜p.49右、50
国土地理院ウェブサイトの
空中写真を元にさかおり作成｜p.110
児玉哲彦｜p.79-80、170
清水友理｜p.65、68下3点
大成建設株式会社 提供｜p.49左、51
竹田嘉文｜p.159
東京国際空港ターミナル 提供｜p.114
日本建築学会空間生命化WG｜p.174
坂茂建築設計｜p.168左2点
日暮雄一｜p.27-32
平井広行｜p.166
堀内広治｜p.122、124右下
三田 彰｜p.100
山道雄太｜p.88、150-153
渡邊朗子｜p.76、134-137
渡邊明次｜p.125
Adrià Goula｜p.130
Archigram／
ARCHIGRAM ARCHIVES 2017提供｜p.52-54
Arild Vågen (CC BY-SA 4.0)｜p.43
Better Than Bacon (CC BY 2.0)｜p.106
Billie Grace Ward (CC BY 2.0)｜p.165
City of Darkness｜p.117、119
Daisuke Nagatomo｜p.133
Edward Whymper｜p.160

ESA｜p.127
Frank_am_Main (CC BY-SA 2.0)｜p.36-37
Georgia Tech｜p.74
hiro (CC BY-SA 2.0)｜p.154-155
IaaC｜p.131-132
ignis's father (CC BY-SA 3.0)｜p.155右
iStock.com/BrianAJackson｜p.138
iStock.com/feellife｜p.101
iStock.com/Nnehring｜p.17
Iwan Baan｜p.56-58
Jeanne Menjoulet (CC BY 2.0)｜p.146
Jocelyn Kinghorn (CC BY-SA2.0)｜p.108
Jody McIntyre (CC BY-SA 2.0)｜p.144右
jon collier (CC BY-SA 2.0)｜p.164下2点
Kyle Harmon (CC BY 2.0)｜p.162
Leonardo da Vinci｜p.180
Michael Moran｜p.167、168右、169
NANCY KEDERSHA/SCIENCE PHOTO LIBRARY｜p.61
Nacása & Partners／
株式会社ナインアワーズ 提供｜p.85-87
NASA｜p.126、128
NEST｜p.93-94
NEST提供画像を使用して作成｜p.95、97
Paulo Philippidis (CC BY 2.0)｜p.142-143
STEVE GSCHMEISSNER／
SCIENCE PHOTO LIBRARY｜カバー・表紙
Tkn20 (CC BY-SA 3.0)｜p.145
Vicente Villamón (CC BY-SA2.0)｜p.109
vil.sandi (CC BY-ND 2.0)｜p.34-35
vjhoming (CC BY 2.0)｜p.163、164上2点
Yuki Shimazu (CC BY-SA 2.0)｜p.38

[引用・出典]

アサヒカメラ 編『朝日新聞 報道写真傑作集1954』(朝日新聞社、1954)｜p.21
『建築画報』特集：東京国際空港──新たなる羽田 更なる飛躍』(vol.46, No.342、建築画報社、2010)を
元に作成｜p.112-113
『第1回上津屋橋（流れ橋）あり方検討委員会 会議次第』(京都府、2014年)を元に作成｜p.156
浜島一成『伊勢神宮を造った匠たち』(吉川弘文館、2013)｜p.24
堀越哲美、堀越英嗣「藤井厚二の体感温度を考慮した建築気候設計の理論と住宅デザイン」
(日本建築学会計画系論文集 第386号、pp.38-42、1988.4)｜p.67
八束はじめ、URBAN PROFILING GROUP『Hyper den-City』(INAX出版、2011)｜p.120

執筆者

朝山秀一（東京電機大学）｜1章 03

石川敦雄（株式会社 竹中工務店）｜1章 解説, 02, 03, 04, 05, 07, 08／3章 02, 05／4章 08

岸本充弘（InflectionNet）｜1章 07／4章 05

児玉哲彦（アマゾンジャパン 株式会社）｜2章 04, 08／4章 解説, 06, 08

清水友理（大成建設 株式会社）｜2章 解説, 01, 02, 03, 04, 05, 07, 08／4章 04

長友大輔（中原大学）｜3章 06

種橋恒夫（株式会社 建築資料研究社）｜4章 01

廣瀬啓一（清水建設 株式会社）｜3章 解説, 01, 03

山道雄太（株式会社 フリックスタジオ）｜4章 02, 03

山本尚明（パナソニック 株式会社）｜2章 06

渡邊朗子（東洋大学）｜1章 01, 06／2章 03／3章 04, 07／4章 解説, 03, 05, 07, Column

生命に学ぶ建築
動的平衡・相互作用・成長・再生

2018年7月30日　初版第1刷　発行

編著	一般社団法人 日本建築学会
編集協力	高木伸哉＋山道雄太（フリックスタジオ）
デザイン	岡本健＋遠藤勇人（okamoto tsuyoshi+）
イラスト	高橋裕美子
制作	種橋恒夫（建築資料研究社）
発行人	馬場栄一（建築資料研究社）
発行所	株式会社 建築資料研究社 〒171-0014 東京都豊島区池袋2-38-2-4F TEL 03-3986-3239　FAX 03-3987-3256 http://www2.ksknet.co.jp/book/
印刷・製本	図書印刷株式会社

© 一般社団法人 日本建築学会 2018
ISBN978-4-86358-529-4